静心之巅

在喜马拉雅山上冥想

［印］斯瓦米·拉玛（Swami Rama）——著
于雪——译

Living With
The Himalayan Masters

华龄出版社
HUALING PRESS

北京市版权局著作权合同登记 图字：01-2024-4169号

图书在版编目（CIP）数据

静心之巅：在喜马拉雅山上冥想 /（印）斯瓦米·拉玛著；于雪译. -- 北京：华龄出版社，2024. 11.

ISBN 978-7-5169-2880-6

Ⅰ. B351

中国国家版本馆CIP数据核字第2024CM4822号

责任编辑 李梦娇　　责任印制 李未圻

责任校对 张春燕　　装帧设计 季　群

书　名	静心之巅：在喜马拉雅山上冥想	作　者	（印）斯瓦米·拉玛
出　版 发　行	华龄出版社 HUALING PRESS	译　者	于　雪
社　址	北京市东城区安定门外大街甲57号	邮　编	100011
发　行	(010)58122255	传　真	(010)84049572
承　印	北京中科印刷有限公司		
版　次	2024年11月第1版	印　次	2024年11月第1次
规　格	710mm×1000mm	开　本	1/16
印　张	18.5	字　数	220千字
书　号	ISBN 978-7-5169-2880-6		
定　价	62.00元		

中文版序

我第一次接触冥想是在 2003 年翻译一本书时。那本书中的女主人公经历了极大的创伤，案件在全美引起了广泛关注。然而，最让我感动的不是案件本身，而是她通过冥想奇迹般地走出了深渊，并最终在精神和心灵上实现了深刻的转变。书中提到，她接受了乔·卡巴金（Jon Kabat-Zinn）的正念冥想治疗，这一经历成为她重生的关键转折点。

自那时起，冥想深深吸引了我。我决定练习冥想，并且至今已坚持了 20 余年。这段旅程让我结识了许多与我有相同追求的人。他们的故事激励着我，引导我在冥想的道路上不断前行。

让我印象最深的是一位老友的故事。她性格强势、急躁，从不允许别人质疑她的决定。她在生意场上也一度十分成功，然而，几年前的一次失败让她的自信心彻底崩塌，脾气变得更加暴躁。每次见到她，仿佛都能感受到她的情绪一触即发，几乎无法与人沟通。一次偶然的机会，她决定前往喜马拉雅山隐修。几个月后，当她归来时，我几乎认不出她了。她眼中的执拗不见了，取而代之的是平静与柔和。她不再急于发表意见，而是静静地倾听，带着一种从容与稳重的气质。那一刻，我感到她整个人仿佛脱胎换骨一般。我忍不住问她，是什么带来了如此巨大的改变。她微笑着递给我一本书，说："读读它吧。"那本书正是斯瓦米·拉玛的《静心之巅：在喜马拉雅山上冥想》。

从此，这本书成了我心灵的指引者。每当我感到迷茫或疲惫时，翻开它，总能让我重获内在的宁静，并激励我继续前行。书中有一句话深深打动了我：“冥想不是为了逃避生活，而是为了以全新的视角去拥抱生活。”

书中详细记录了斯瓦米 · 拉玛的修行之路。他从小在喜马拉雅山中师从众多冥想大师和隐士，亲身见证了人类心灵潜能的无限可能。他曾遇到一位年逾八十的瑜伽士，每天肩扛一床重达 40 千克、由无数碎布拼成的“百纳被”，却依然健步如飞。他还见过一位皮肤如大象皮般厚实、风雨不侵的冥想大师，能够在一个地方静坐三个月修炼“蟒蛇定”。更难忘的是，他向 96 岁高龄的瑜伽圣女学习《奥义书》时，亲眼目睹了她夜不倒单的修行场景。从这些大师们的身上，他汲取了许多经典书籍中学不到的智慧。

有一次，年轻的斯瓦米 · 拉玛与一位大师同行，突遇大雨。他下意识地为大师撑伞，而大师却温和地说：“把伞收起来吧，雨是天地之间的连线，我们不该阻断它。”这句话让斯瓦米顿悟，冥想不仅是内心的修行，更是一种与自然和宇宙重新连接的方式。

另一位印度著名的数学家，后来隐居于喜马拉雅山成为冥想大师，他告诉斯瓦米 · 拉玛，凝视既是一种视觉体验，更是一种深度的内心探寻。当我们凝视一朵花、一片云，甚至一束烛光时，心灵会逐渐沉静，进入专注状态。而这种专注的力量能够激发出人类无限的潜能，创造出不可思议的奇迹。

还有一次，师父让斯瓦米 · 拉玛去拜访一位即将坐化的瑜伽大师。大师临终时的平静与从容让他感到困惑。他忍不住询问，大师轻声说：“时间到了，就该走了。要知道，我们不该站在自然的道上不动。”这句话如同一道闪电，震撼了他的心灵。他终于明白，冥想带来的不仅是平静，更是一种超越生死的智慧。

从一个顽皮的小男孩到 20 世纪最具影响力的冥想大师之一，斯瓦米 · 拉玛的传奇经历带领我们进入了一个深邃而神秘的心灵世界。书中的每一个故事，都如同一粒种子，蕴藏着变革的力量。相信这一粒粒种子定会在读者心中生根发芽，带来深刻的转变与成长。

20 年冥想练习者 周长遐

序 言

1976 年，斯瓦米·拉玛收我为徒，从那时起，20 多年里，我和他一起生活的每一分钟都是学习的机会。现在，他已离开人世，我回过头去看，才发现他是如何把那些隐士高人的教诲融入自己的生命，然后再巧妙地充盈到我的每一次呼吸中。一波又一波，他用永恒的智慧和爱，滋润着我的思想和心灵。今天，我满怀敬畏和感激之情问自己：有过他这样的师父，夫复何求？

1985 年，是我人生中最幸福、最富有的时期之一，那年斯瓦米·拉玛督促我翻译他口述、别人执笔写成的《静心之巅：在喜马拉雅山上冥想》。每天晚上，当我把当天翻译的内容呈给他过目时，他都会告诉我故事中不为人知的部分。我很快意识到他要我翻译，其实是让我得以窥见那些圣者们的内心世界，充分吸收他们的教诲。

在这本影响深远的书中，斯瓦米·拉玛记录了他在喜马拉雅山脉中跟随 100 余位隐居深山的瑜伽大师、高人和隐士修行的经历，以及如何从一个淘气的小男孩成长为 20 世纪全世界最具影响力的冥想大师之一。

翻译此书，我得以进入一个妙不可言的心灵世界，那些高僧大德的智慧火花，以及不可思议的精神体验，令我惊讶不已。书中每一个故事、每一页文字，都是恩典，给我带来无尽的启示。这是斯瓦米·拉玛的人生，是他的心灵旅程，是他和许多不同流派的大师们接触的经历。他所提及的那些问题，我们每个人一生中至少会面临一次。他把他自己领悟到的，用如此平实且慈爱的方式与我们分享，所以那些经验会变成我们的一部分。

就世俗层面而言，本书为我们指出了我们是谁，以及要采取哪些步骤才能获得快乐与成功。它激励我们努力工作，并对自己的努力充满信心。在精神层面，那些隐藏在喜马拉雅雪山洞穴中的冥想大师，为我们展示了人类神秘而深奥的本性。

心灵书籍，尤其是自传性质的书籍，往往给人的印象是，圣者的经历和成就是我们常人无法企及的。然而，斯瓦米 · 拉玛用完全不同的方式来诠释那些奇迹，让人醍醐灌顶。翻译时，我感觉他就是我们中的一员。他是一个孩子，生性顽皮。他是一名少年，充满好奇心和冒险热情。他是一位探索者，有优点也有缺点。和我们一样，他有时也无法区分谁是骗子，谁是真正的大师，误将骗术当成精神成就。例如，有一次，他被巫术表演的神奇力量和光鲜亮丽的生活所迷惑，甚至考虑放弃自己的导师，另寻他人。他人性的这一面，我们太熟悉了，以至于在阅读时，他的旅程也成了我们自己的旅程。

阅读书中修行者的故事，让我们的心中充满无限感激之情，同时也更加感激斯瓦米 · 拉玛。斯瓦米 · 拉玛让人不要相信奇迹，但他生命中的每一刻都充满奇迹。没有一个靠近他的人会空手而归，收获各不相同：有商人通过他的引导茅塞顿开，生意上了一个台阶；有病人通过冥想练习，心态平和、宁静，身体逐渐康复；有暴躁厌学的学生与他相处后，性格大变，开始努力学习。很多人明白他们收获了什么，但也有些人不明白。回首往事，斯瓦米 · 拉玛以隐士身份完美地揭开了精神的奥秘，这不能不说是一个奇迹。

斯瓦米·拉玛是一位真性情之人。爱玩的孩子、任性的少年、老练的成年人、和善的冥想大师，都很自然地在他身上展现出来。对他而言，过去和未来都不存在——他总是活在当下。他浑身散发着治愈的能量。如果他停下来与一位患有慢性抑郁症的女人说话，女人的脸上会焕发容光。如果他在某个地方生活了一段时间，那个地方也会与之前不一样。

对于斯瓦米·拉玛来说，没有什么是无用的，每样东西都有他的用处和意义。一次，他把一些岩块和碎石放在一条突兀的污水管道旁，再巧妙地用一些树木的残枝布置在周围，结果这件“雕塑品”看起来像一位禅坐的大师，让来访的人尊敬地与之保持距离。

斯瓦米·拉玛非常喜欢仙人掌，有一次，我问：“老师，您为什么喜欢仙人掌呢？”

“我习惯照顾那些浑身是刺、被众人抛弃的人，每当看到他们像仙人掌一样绽放出花朵时，我就特别欣慰。”他回答说。

记得我的生活在 1976 年之前，就像路边飘荡的一粒微尘，一天，斯瓦米·拉玛捡起了我，把我转化成一粒活花粉。在他的爱抚下，我才成了圣贤们种植的花园中的一分子。今天我有幸为这部经典作品作序，我希望读者们能理解，我所做的尝试，就像一朵花想要描述园丁和园丁的成就一样，远远超出了花的理解能力。

这是一本活生生的书。我读它、琢磨它，不知道多少次了，妙在每次都有新的发现，每次的发现又正好是自己当时最需要的。我不想告诉读者，我认为这本书究竟是什么，如果我这样做了，就有可能妨碍你收到它所要给你的讯息。

喜马拉雅山不仅是世界海拔最高的山脉，同时也是人类静心之巅。如果您有缘翻开此书，字里行间，您将体验到斯瓦米·拉玛和其他圣者的存在，沐浴在他们的恩典中，并得到你所需要的。

潘迪特·拉杰马尼·蒂古纳特

目录

第1章

喜马拉雅山中的心灵哺育

童年是一首没有忧伤的歌，

除了欢笑与幸福，

还有领悟。

在喜马拉雅山中，

每一寸土地、每一声鸟鸣、

每一片叶子、每一颗星星，

都能让孩子领悟到生命的美丽与神秘。

神圣的喜马拉雅山

喜马拉雅山绵延 2 400 多千米，主峰珠穆朗玛峰，海拔 8 848.86 米，矗立于尼泊尔和中国西藏的边界，是世界第一高峰。古往今来，无数人都描绘过喜马拉雅山脉的雄伟壮丽。“喜马拉雅”这个词语由梵文而来，“喜马”的意思是“雪”，“拉雅”的意思是“家”，喜马拉雅就是白雪之家。不过，我想让你们知道，喜马拉雅不仅是一座雪山，也是无数人修行的圣地，那些绵延的群山、奇特的峰峦，标识着冥想大师们高维度的心灵，述说着他们精神成就的辉煌。

我生长在喜马拉雅山脉，人生中有 45 年是来往于群山之间，跟随瑜伽大师、高人和隐士们生活和学习。我见到了住在那里或路过那里的圣者们，得以在他们的足下学习，参悟他们卓越的心灵智慧。从印度到尼泊尔，从不丹到中国西藏……喜马拉雅山脉中那些令人望而却步的艰险之地，我都踏遍了。我不靠氧气瓶和现代登山设备，就可以登上海拔 5 800 ～ 6 100 米的高山，虽然常因没有食物可吃而昏迷不醒、疲倦不堪，甚至于伤痕累累，但最后总能绝处逢生。

喜马拉雅山是我的心灵之母，住在山中就像把命运交给母亲一样。她哺育我，启发我以独特的方式生活。在我 14 岁时，一位不知名的圣者为我加持，送给我一张用喜马拉雅白桦树的树皮制成的纸片，古时人们用这种纸片书写经文。他在上面写道：愿你轻物质世界，而行心灵之路。我至今仍保存着它。

我从圣者们那里得到的爱，就像是终年覆盖在喜马拉雅山上的雪，它们形成了银色的冰川，然后融化为成千上万的溪流。当爱成了我生命的主宰时，我变得无所畏惧，敢于踽踽独行，从一个山洞到另一个山洞，穿越无数的河流和被白雪覆盖的山谷。在寻访隐居在喜马拉雅山脉中的圣者时，无论在什么情况下，我都能保持欢喜。心灵的充盈伴随着我的每一次呼吸，可惜这是大多数人所无法理解的。

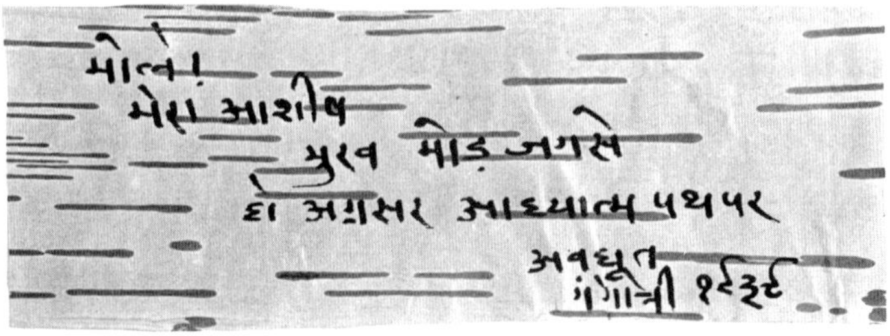

愿你轻物质世界，而行心灵之路

喜马拉雅山脉中那些和蔼友善的圣者们只倾心于一个引人入胜的主题：爱——爱自然，爱众生，爱万物。他们教导我，大自然无时无刻不在传法，然后我开始倾听花朵的绽放、鸟儿的歌唱，甚至从最小的一片草叶和荆棘中传来的音乐。万物皆蕴藏着美。如果不去学习倾听大自然的音乐，不能欣赏她的美，那么人类从远古时代就失去了追寻爱的动力。你是否需要借助心理分析，才能在大自然中发现那么多的幸福、无尽的歌唱、梦想，以及美的源头？大自然用冰川溪流、用山谷中的百合、用星光覆盖的森林，不断传授着圣音法言。这圣音法言可以让人们学到铿锵有力的真知，见到宏伟荣耀的至善。

当一个人学会聆听大自然的音乐，学会欣赏她的美，那么他的灵魂就能与整个宇宙的完美旋律和回声丝丝入扣。他在大自然中领悟到的一切真知，都可以运用于人类社会中。所以，人在寻觅人间烟火前，应该先学会爱大自然。这样，随着黎明的到来，一个启示便穿透而出：人世间的不幸和痛苦，包括对死亡的恐惧，都会随着黑暗和薄雾消失。自古以来，死亡一直是痛苦的源头，但人在死亡时可以学会与那无限的永恒合而为一。如此，遇生死之人，便不会遭受死亡所带来的倾盆而下的痛苦和悲伤了。

大自然在简单中自有深意，当人的感官与大自然接触时，内心的觉知会自发地流淌，这种灵魂激荡的体验可以来自恒河轻柔的水波声、狂风的呼啸声、树叶的沙沙声，以及电闪雷鸣。这些音乐在耳边回响，扣动心弦，形成了生命之歌。当一个人与大自然合而为一时，一切束缚他的封印全都解除，自性的光明显露。他登上山顶，看到广阔的地平线。他觉悟到，在寂静的深处，藏着爱的源头。真理隐藏在太阳那轮金色的圆盘中，日出日落，只有笃信之眼才能揭示并看见此中爱与真理的光芒。

我年轻时，坐在马特峰（Shivling）脚下，喝着冰川融化的湖水，吃着地里种植的蔬菜和根茎类食物，住在喜马拉雅山的洞穴内非常愉快。那段时光，我经常白天漫步在山间，随意做些笔记，黑暗降

著名的圣地凯达尔纳特寺
（Temple of Kedarnath）

临前回到我的洞穴。我的日记记录了我在喜马拉雅山中遇到的圣者、瑜伽士和其他心灵大师，以及从他们那里得到的体验。

在喜马拉雅山中，当一个人在清晨和傍晚坐在山顶时，可以看到四周的美景。如果他是一位有灵性的人，则更能领悟到这些美中所蕴藏的永恒。在这块光明之地中，黎明和黄昏、白昼与黑夜，不仅仅是地球自转产生的现象，还具有更深刻的象征意义。

置身山中，早晨、下午、黄昏和夜晚，每个时辰其壮丽的景色各不相同。一天之内，山峰会多次改变颜色，仿佛我的母亲穿着不同颜色的纱丽，因为太阳随时在为它服务。早晨这些山峰是银白色的，中午是金黄色的，而黄昏则变成了红色。此等震撼灵魂的美，我只能感受到，却无法用语言文字来表述。

如果非用文字不可，那宏伟绚丽的美，我只能挂一漏万，让你们简单一瞥。早晨喜马拉雅山脉是如此的平静和安宁，会引导修行之人自发地进入静默状态。为什么喜马拉雅山中的人民会成为冥想者，就是因为在这里禅修会得到群山的加持。我住在山洞时，黎明将太阳冉冉升起，捧在手中，每天它都像我母亲似的来到床前将我叫醒。中午，太阳的光芒柔和地从洞口照进来，洞中几位瑜伽士正在跟随师父学习《奥义书》。黄昏时，若天气清朗，太阳穿透云层，就像是那位至上的画师,将无数的颜料倾泻到雪白的山峰上。那画面，绝对是任何艺术家无法用人类的小手复制的。世界上很多艺术家都曾受到过喜马拉雅山美景的熏陶。有几次我尝试作画，均半途而废，因为我的画就像小孩涂鸦一般。真正的美是超乎人类思想的，它是一种心底的感受。当一个人全心全意去感受大自然的美之后，他才有可能成为一位真正的艺术家。喜马拉雅山中的灵性之美，唯有在更深更精微的层面方能表达。

喜马拉雅山最古老的旅行者是云，它们轻轻地从孟加拉湾一路飘过来。这些云雾从海洋升起，来到喜马拉雅山，拥抱雪峰，然后化作雪水，咆哮着流入平原，将祝福挥洒在印度的土壤中。被誉为“东方莎士比亚”的大诗人卡力达沙为这些云雾作过很多诗，其中最著名的是一本叫作《云使》的诗集。诗中的主人公用云作为他的信使，传信给远在喜马拉雅山中的挚爱。

印度著名史诗《罗摩衍那》和《摩诃婆罗多》，描写了前往喜马拉雅山的朝圣之旅。而现代诗人更是无法抵抗喜马拉雅山的灵动和美丽，写了大量诗歌。很多梵文诗，例如《玛伊恩纳》，吟唱起来就像人从喜马拉雅上山下山一样。虽然我不是一个好的诗人，但也喜欢写诗吟咏。喜马拉雅山对大多数的诗人、艺术家、音乐家和旅游者而言仍然充满神秘，但对于虔诚之人，它会吐露它最重要的信息。唯有开悟者能揭开这些神奇山峰的真正秘密。

我曾经有过一只心爱的宠物，它是一头熊。这头熊成天跟着我在山中徜徉，对我非常忠诚，不让别人接近我。虽然它不会伤人，但如果别人靠近我，它就会把别人撞倒。我给它取了一个名字，叫宝拉。那段日子里，宝拉是我最好的同伴，我们一起生活了 11 年，它住在我的岩洞外，每天等着我出来。我的师父不希望我对这只宠物有太多的情感依赖，他时常取笑我，说我是一个耍熊把戏的。每天早上，我拿着一根登山用的长杖，去离我 7 ～ 10 千米远的山顶，随身带着日记本、几只铅笔，还有这头熊。

通常在 9 月 15 日以后，喜马拉雅山中会开始下雪，但我仍然继续着每天的长途跋涉，一路唱着感恩的歌。偶尔心中会闪过一个念头：我的生命属于这里。那段时间，我有过非常深刻的精神体验，觉得自己像个帝王，却没有头戴皇冠的负担，不需要任何人的陪伴和交谈，也能感受到极大的平静与安宁。我发现大自然是最为平静的，只有自身不平静的人才会觉得大自然是不平静的。

山里的花

喜马拉雅山中盛开着种类繁多的花。如果有诗人的想象力，你从雪峰往下望，会看见开满了花的山坡就像一把巨大的花束，用以献给那无限的苍穹。我会坐在这花团锦簇旁，凝望天空，寻找那位种花的人。

山谷内所有的花中，最漂亮的要算百合花和兰花了。数百种百合花在冬天过后，一齐绽放。有一种非常美丽的粉红色百合花是在六七月之间绽放，它们生长在海拔 2 400 ～ 3 400 米之间，沿着葛柔河（Rudra Garo）两岸生长，此河和恒河交汇于根戈德里（Gangotri）。

喜马拉雅山中的兰花较其他花更为壮丽。它们生长在海拔 1 200 ～ 1 800 米的山上。我所看过的最浓密的兰花是长在一棵橡树上，重量至少有 0.7 千克。在兰花盛开的季节，有些顽强的花苞要花上六七天才肯绽放，但一开花就美不胜收，整个花季长达两个半月之久。

山中的仙人掌会在月光下突然开花。它们似乎羞于见到阳光，因而会在日出之前将美丽的花瓣合起来，然后不再绽放。我知道，喜马拉雅山中有 25 种以上的多汁植物和仙人掌，它们都具有药用价值。

山中种类最多的花是杜鹃，超过 150 种。其中蓝色和白色最惊艳，令人震撼。粉红色和红色的则比较普遍，另外，还有一种是同一朵上有不同颜色的花瓣。入夏后，有时整个山谷都铺满了杜鹃花。

马特峰耸立于根戈德里和高穆克（Gomukh）之间

雪莲，是喜马拉雅山中一种非常稀有的花，为花中之王。一天，我在山上漫步，看见一朵蓝色的雪莲，它的大小如同一个盘子，从两块岩石之间伸出头来，下面一半则被积雪所覆盖。我的视线被它吸引，开始与这朵美丽的雪莲交谈起来。

我说："你为何孤单寂寞生长在此处？你的美应该让人仰慕，惊叹。你应该在凋谢之前将自己展现于人前，不然等花瓣落尽又将重归尘埃。"

微风吹动花茎，雪莲轻轻摇曳，它向我垂首，说："你觉得我孤单寂寞吗？孤单就是万物皆备于一己。我可是在此享受这些高山、这样的纯净，以及把蓝天当作伞盖。"

我想摘下那朵花，考虑把它拔起来，将整株雪莲送给师父。我像一个不负责任的顽皮孩子，对它说道："如果我将你的花瓣捏碎，你会怎样呢？"

雪莲回答："我会很高兴，因为我的芬芳将会到处散发，我生命的目的也得以实现。"

我小心翼翼将雪莲连根拔起，献给师父，但他并不领情。他从不喜欢闻花，除非在极少数特殊的场合。从那天以后，我就再也没有采过花。我觉得采花就如同从大自然母亲的怀抱中抢走她的孩子。美，是用来欣赏的，不是用来占有、利用和毁坏的。当你开始欣赏大自然之美时，就能培养出人性之美。

恒河之水

为了满足孤独的欲望，我到处闲逛，欣赏大自然。有时我会走到白雪皑皑的小溪边，看着粼粼溪水相互推挤，水花四溅。有时我会抬头远望，看见溪流从山顶的冰川奔流而下，宛如披散的长发。溪水在石间穿行，发出叮叮咚咚的声音，如同一首悠扬的乐曲，令人沉醉。无论白天黑夜，这些溪流永不停歇地向前涌动，即使遇到险峻的峡谷和深邃的悬崖，它们也不会退缩、倒流，最后带着高山的纯净与力量，奔向远方的大海。我想，川流不息的溪水多么像永恒的生命之流啊！有时我会花好几个小时注视这些从冰川流下的雪中溪流，月光下，溪流两岸银光闪闪。

生活在恒河流经的喜马拉雅山区，晚上，我会坐在恒河的岩石岸边，凝视夜空中的明月。月色如霜，洒在地上，我看见远处的村庄灯火阑珊。当云层散开，天空中，繁星点点，汇成壮丽的景观，实在超乎人类的想象。星空下，四面八方的山峰与河流，被群星散发出的乳白色光芒照亮，我至今仍然记得那摄人心魄的景象。半夜，云雾形成了一层白色的棉被，罩在两座雪峰之间的恒河上。而在日出之前，飘在恒河上的薄雾宛如一条毯子，恒河则像一条巨蟒在毯子下酣睡。日出时，阳光迫不及待冲进恒河畅饮，犹如我每天清晨冲进恒河里沐浴一样。河中的水晶莹清澈，令人神清气爽。

中国的冈仁波齐被誉为万水之山，是很多河流的源头，其中最特殊的一条自然是恒河。当恒河从源头流出时，水中含有丰富的矿物质，深具滋养和医疗价值。住在恒河两岸的人很少患有皮肤病，每户人家中都备有一瓶恒河圣水，用来给村里临终之人饮用。

装在瓶内的恒河源头的水，不会变质、腐浊，细菌无法在里头生长，而其他河流中的水则没有这种效果。很久以前，水手们就知道，船上带着恒河水，从加尔各答出发一路向西航行到伦敦，水质都不会变。而从伦敦发船带着泰晤士河的水，途中就一定要换水。

世界上很多科学家将高山上的恒河水拿去化验，发现它的化学组合和矿物质成分的确是独一无二的，一位很有名的印度科学家葛蒂斯所做的结论是：世上从未有其他河流的水，其成分具有如此大的疗病能力。

不过，当恒河流经平原后，遭到很多河流的污染，就失去了这些特质。还有，沿流很多村民都有河葬的习俗，相信这样可以让他们的亲人得到永生。我个人不赞同污染河水的行为，也不赞同从河葬的河流中取水饮用，还称之为圣水。我的师父教导我，不要以为喝了或沐浴了恒河水就可以洗清罪业。他对我说："每个人都要承受自己行为的果报，善有善报、恶有恶报，这是亘古不变的真理，是世界上的伟大哲人所共识的。种瓜得瓜，种豆得豆，在履行自己的责任时，不要逃避也不要执着。不要认为任何外在的形式都可以洗清你的恶果，仅在恒河洗个澡或到庙宇朝拜一番，是无法使你获得解脱的，这些拜神消灾的说法都是迷信而不合逻辑的。"

由喜马拉雅山流下的河流滋润了印度的土壤，养活了数亿人口，但也有人认为这是个贫瘠的山区。居然有作者说，印度境内的喜马拉雅山的矿产不丰富、经济不发达，无法支撑一些规模庞大的企业。不错，从经济的角度而言，喜马拉雅山没什么价值，但是在精神层面，它是一座富于灵性的山脉，能给追求心灵富足的人提供丰富的滋养。过去想从经济入手开发喜马拉雅山区的人都大失所望，未来想如此的人也注定会失败。

虽然喜马拉雅山是整个印度饮用水和灌溉用水的大蓄池，但却没有受到现代教育、科技及医药的充分利用。印度当局未能重视这个大源头。尽管如此，山中的居民依然安居乐业，我常听到村民说："不要来干扰我们，我们想保持这份安宁。"

淳朴的山民

山里的居民主要以耕种为业，他们在梯田上种植大麦、小麦、扁豆等，养的牲口有水牛、绵羊、山羊、黄牛及马匹等。这些山民有一个共同点：贫穷而诚实，不会偷窃或争吵。在高山上的村落中，居民不用锁门，也根本不需要锁，锁在这里派不上用场。有些村落是朝圣所经过的地方，如果你到山上寺庙去朝圣，中途掉了钱包，几个星期之后，你回来，会发现钱包仍在原地，没有人会去动它。他们认为未经许可而动用别人的东西是不敬的行为。他们会问："我们为什么要动别人的东西呢？"他们不贪，因为他们需要的东西不多，不受物欲之苦。

山民依赖平原地区的物质只有盐，以及点灯用的油。他们的社会比世界上绝大多数地区都纯净，因为他们单纯、诚实和善良。那里的生活宁静而太平。那里的人不会去恨任何人。他们不懂什么是仇恨，不愿意迁到平原去住。山里的人离开山区，会觉得平原上的人狡猾、心眼多，而且装模作样。然而，少数受到现代文化影响的山区，现在也逐渐发生各种说谎、偷窃和欺诈的事情了。

大家认为，现代化社会是进步的、有教养的，但它不是天然纯真的。那种教养就像是人工养殖的珍珠，如今很少有天然珍珠供人们欣赏了。现代人不断教养、再教养的结果是：强化了自己，失去了纯真的天性，让人性变得更脆弱。

在现今文化中，我们的生活多是为了向人炫耀，而非为了服务他人。但如果你到山上，你会发现，无论你是谁，碰面的第一句话便是："你吃饭了吗？""你有没有地方住？"无论你是朋友，还是陌生人，他们都会这样招呼。

一个喜马拉雅山区村庄下面的梯田

七月是喜马拉雅山的最佳旅行季节。积雪和冰川开始融化，万条溪流奔涌而过。这时天气不是很冷，而了解冰川、雪崩、山崩等特性的人，只要小心，都可以安全地在山区旅行。喜马拉雅山的危险性从古至今都没有变化，雪崩、激流、悬崖峭壁以及高耸的雪峰，它们是不会为了旅行者而改变的。同样，喜马拉雅山中的隐士高人，自古以来就在不断感召着人们前去探寻那未知的智慧。

早在 1300 多年前，就有中国唐朝的玄奘大师不远万里，来这里取经，把佛教中的大乘佛法传播到自己的国家。而禅宗则源自大乘，后来又辗转传到日本，影响至今。

喜马拉雅山脉，是我童年的游乐场，我在其中充分享受安宁与快乐，并得以明白生命的意义。在这里，人们懂得，无论生命小如草根，还是大如山峰，都无须自卑、忧愁，也无须自大、狂妄。

在师父的指导下，我跟随喜马拉雅山中的瑜伽大师、隐士和高人一同居住、旅行约 45 年之久。有时短短几年就获得了一般人一辈子都无法获得的经历。我之所以能如此，都是因为师父放手，让我亲自去体验、去选择、去决定。这一连串经历和从圣者们那里得到的教诲，帮助我找到了自己内在的觉悟中心，并保持与它的联结。我将告诉你我是如何成长的，如何接受训练的，与哪些大师一起生活过，他们教会了我什么……本书所收集的故事就是这些经历的点滴，它们不是从课堂和书本上能学到的。

每当我向世人讲一个故事时，我总觉得世界本身就是一个大故事。我希望别人能从这些故事和体验中受益，这也是我的用意所在。我常对学生说："什么是我的？什么是我没有教给你们的？"这些心灵故事中，感觉对自己有用的，就去练、去实践，那些暂时还无法理解、掌握不了的，就交还给讲故事的人吧。时至今日，每当回忆这些故事时，我都心有触动，我感觉喜马拉雅山正在召唤我回去。

我的师父和我的双亲

我的父亲是一位有名的梵文学者，也是一位虔诚的修行者。村子里的人经常来请教父亲，向他学习。我父母的家境略微富有，是慷慨的地主。他们没有亲自耕种，但和佃农分享收成。

有一次，父亲整整失踪了6个月，大家猜测他可能是死在什么地方了，或出了家。事实上，他是去做了一次长时间的闭关，以便解决他在修行过程中遇到的问题。这些问题像瓶颈一样卡住了他。他在离赫尔德瓦尔（Haridwar）市不远的曼萨女神（Mansa Devi）森林中专心打坐。当时我的师父正好路过森林。那天黄昏，师父来到父亲闭关的地方。父亲一见师父，立刻就知道这就是他真正的导师。当导师和弟子第一次见面时，两个人通常会有心灵感应，彼此相互打开，这种心灵上的交流不用说话，也不用肢体语言，往往在四目相对的一瞬间就发生了。我的师父在那里待了一个星期，指导父亲。最后，师父让父亲回家。我们家在北方邦（Uttar Pradesh）境内，一个海拔1700米的地方。

母亲原本已放弃希望，以为自己的先生不会再回来了，所以她开始练习严格的戒行生活。父亲回来后，他将自己在森林里遇见导师并获得点拨的奇遇告诉了母亲。他还对母亲说，虽然他已经 60 岁，她也 43 岁了，但导师却预言他们会有一个儿子，而且这个儿子还会成为他的弟子。

两年后，师父从喜马拉雅山下来，走到我家门口。当时，父亲正在吃饭，母亲去开的门。她不认识师父，便请师父等一等，说自己的丈夫正在用餐。父亲听到有客人来，立即离开饭桌，走向门口。

“我来这里不是为了吃饭，或接受你的招待的，我要你给我一些东西。”师父说。

“我所有的东西都是您的。”父亲回答。

“我要你的儿子。”师父说。

“在我们这个年纪要是还能生孩子的话就是一个奇迹，只要我们能有儿子，他就归您。”父亲说。

这次见面 18 个月后，我就出生了。

我生下来当天，师父就来到我家，要母亲把孩子递给他。母亲初为人母，自然不愿意。但是在父亲的要求下，只好交给他。师父将我抱在怀中几分钟后，又把我交还，吩咐说：“好好照顾他，我以后会再来，把他带走。”

三年之后，师父回来启迪我，他在我耳边轻轻传授了一句真言。在孩提时代，我完全不黏我的父母，却对师父的记忆很深，随时感觉他与我同在，反而感觉双亲似乎是陌生人。我总是会产生一个念头：“我不属于这里，不属于这些人。”有时，母亲会看着我啜泣：“有一天，你会离我们而去。”虽然我爱爸爸和妈妈，但是我已经习惯等待那一天的来临。

过了几年，我的父母都去世了，我便到了师父的身边。师父开始不厌其烦地训练我。师父似乎能看穿我似的，只要我心中一起什么念头，他就知道。假如，我不想静坐，他会看着我并微笑着。

“你笑什么呢？”我问。

“因为你不想静坐。”他答道。

他的一举一动让我笃信，他不仅能够指导我外在的言语和行为，还能帮助我调整内在的心性和情绪。我为自己萌生了一些不好的念头而害怕、羞愧，但每当这时师父依然会像平常一样爱我。他从没想过要控制我的思想，只是逐渐让我了解到自己思维的过程。无论弟子多么顽劣，真正的老师都不会谴责他。无论孩子多么不守规矩，真正慈爱的母亲总是会悉心照顾他。慈母会用耐心、爱心和柔情，循循善诱来抚养孩子，而师父也会用同样的方法来抚养他的弟子。

师父给予了我一切，却从不要我回报，当然我也没有什么东西可以给他。我对他的爱是无边的，因为他教养我、训练我，为我做了很多，而我至今都无以为报。真正的心灵导师都是如此：他们只给予，不求取。

一位真正的心灵导师绝对是无私的，他对弟子的爱甚至超过了父母之爱。父母通常偏重于物质技艺方面的传授，帮助儿女长大成人，训练他们如何在社会上生存。但心灵导师传授给弟子的是来自他直接体验的真知，就像父亲把他的财产亲手交给他的孩子。心灵导师至上之爱，是发自内心深处的真爱，也只有用纯洁的心才能意会。心灵导师给予的爱如此之多，它彻底转化了弟子的生命。

年轻的修行者

跟师父住了很长一段时间后，他把我送到根戈德里的师兄那里。师兄开始教我读经典，他很爱我，但不明白为什么我有那么强烈的反抗心理，也不原谅我经常和其他人争论得面红耳赤的行为。他向师父写告状信，列举我的种种不良行为，于是师父就来接我回去住一阵子，然后再把我送回来。有时候，师父还会送我去某个家庭住一段时间，这令我很不愉快，好在这种情况不是经常发生。

有一天，我突然对师兄的家世感到好奇，想知道他的过去，我一再追问他的出生地。那时我并不知道出家人是从不谈论过去的。可是在我的坚持下，师兄还是告诉了我他出生在何处。出家人不去回想自己的过去，不重视自己的生日、年龄和出生地，也不愿谈论与自己有血缘关系的家人，这是一条不成文的规定，他们认为从前的自己已死，出家是新生。

我也向师父问过同样的问题，我一再追问，他才透露了一些往事。他出生于孟加拉一个知识分子家庭，他家族的成员接受了一位高僧的启引，那位高僧时常从喜马拉雅山上下来，在那个地区走动。我师父是独生子，因父母早亡成了孤儿，被另一位修为深厚的高僧收养。师父给我讲这段往事时已 80 岁了。他有孟加拉腔调，虽然不说母语，但偶尔会哼孟加拉小调。他是一位梵文学者，精通英文和其他数种语言。

有一次，我经过孟加拉拜访师父的出生地，他的旧居早就不见了。我想在当地建一个以他命名的建筑物，可他不允许。在村里，除了两位 80 多岁的老妇人外，没人知道他。她们回忆说，在师父 14 岁时，一位从喜马拉雅山上下来的高僧把他带走了。她们说："我们的确记得他。”她们很好奇，想知道他是否依然健在、人在何处，以及一生的境遇。

我的师父住在山洞里，太阳升起时，他会出来走动大约一个小时，然后再回到山洞，坐在自己的座位上。他每天出洞一次，离开座位两次。有时他会一连好几天待在洞内。他身边总是跟着三到五位资深弟子。每年冬天有三个月，师父和弟子们会下到海拔 2400 ～ 2100 米的山中，有时也会去尼泊尔，在那里住上好几个月。

他通常喝羊奶，偶尔也会喝一些牛奶，那是一头小黑牛所产的奶。这牛就像一只宠物，由师父的一名弟子照料。我不时会给师父端上一杯加水的羊奶，他不用出声，我会主动端给他。有时，看见他没喝，我就会端走，过一会儿再端一杯过去。那是他唯一的食物。

师父一直处在深沉的禅定状态，极少开口说话。有一次，我们在一起住了 9 个月，彼此几乎没说过话。大多数时候，我们都在闭着眼睛静坐冥想，各做各的，没有机会交谈，彼此心意相通，所以无须语言沟通。其实，人只有在不了解的时候，才需要用语言来表达。语言是一种不完美的沟通工具。既然我们已有更深层次的交流，交谈就是多余的。师父和我都喜欢这种静默中的交流，我问了什么愚蠢的问题，他都会以微笑来解答。他讲的很少，却为我的成长提供了和煦的气氛和巨大的空间。

有人称我的师父为“孟加拉巴巴”，也有人干脆简称“巴巴吉”，但在我心中，他既是老师，也是父亲，所以我称他为“师父”。我对师父的爱是永恒不变的，我从未发现他所教导的有任何不实，也从未见过他有自私的一面。所有经他言传身教和静默传达的教导，都充满了神圣的爱。我无法用言语来表达他的伟大，我由衷深信他是一位具有不朽智慧的瑜伽大师，是喜马拉雅山上最伟大的圣者之一。他生命的目的是让那些准备好的人开悟，是去爱、去保护、去引领那些还在准备的人。任何处于困境中的人，只要能记着他，就会得到帮助。因为这种情况多次发生在我身上，其他人也发生过。

在忙碌的生活中，一旦有空闲，我就有一种强烈的欲望，想要回到他的身边，因为他是我唯一的灯塔。无论我身在何方，我愿以全部的敬爱和奉献，向他顶礼。我有任何不是，都是我的错，但如果此生有任何可取之处，皆来自于他。

师父和出家的王子

一件轰动一时的历史事件使得我的师父闻名于全印度。很多印度的律师、法官和受过高等教育的人都应该听说过。

有一个名叫巴瓦尔·桑尼亚西的年轻人，是巴瓦尔郡（Bhawa）的王子。他结婚后，大部分时间和他的新婚妻子都住在大吉岭（Darjeeling）豪华的别墅里，过着奢侈的生活。可是，他的妻子却始终爱着另外一名医生，两人合谋毒害王子。医生开始给王子注射微量的眼镜蛇毒液，却对王子说，这是维生素。医生慢慢增加毒液的注射量，最后终于在两个月后，王子被宣布死亡。

他的遗体由庞大的送葬队伍运送到山中溪边的一个火葬场。当成堆的木柴被点燃后，在尸体即将投入烈火之际，忽然大雨倾盆而下，淋熄了柴火；旋即，溪水暴涨，冲走了尸体。距离火葬地点 5 千米的下游处，我师父和弟子们住在溪边的一个岩洞里，他们是从干城章嘉峰（Kanchenjunga）下来，要回我们住的山洞。师父看见有具包裹着丧葬布的尸体被捆在竹架上，顺着溪流冲到他所在的地方，即刻就令弟子们将尸体捞上岸来，解开捆绑的布匹和绳索。他说："这个人并没有死，只是陷入了深度的昏迷状态，失去了正常的呼吸和脉搏。他是我的弟子。”于是弟子们将尸体抬到师父面前。两个小时后，王子恢复知觉，但完全失去了以前的记忆。他成了师父的弟子，后来剃度出家。

在和师父住了七年之后，师父要他外出云游，拜访各地的圣者。师父预言王子会遇上自己的亲姐姐，并恢复记忆。师父说：“我们将会遇到麻烦，所以最好移居到海拔再高一些的地方去住。”于是师父一行又回到最初住过的喜马拉雅山洞住了七年。

王子在平原云游了几个月，遇上了好几位圣者。有一天，他不知不觉来到他亲姐姐的家门口，托钵化缘，一眼就被姐姐认了出来。六个月后，他完全恢复了记忆。这件事被媒体报道后，引起了轰动。我那时很年轻，记忆力强，对这件事记得清清楚楚。

王子记起了往事，在亲人们的敦促下，他去法庭声明他就是巴瓦尔王子。法庭传唤了双方证人。在审理过程中，有证据证明医生曾经从孟买一间实验室取得毒蛇液。证据确凿，这位王子就是被他的新婚妻子和她的情夫所害。

王子对整个事件经过进行了陈述，讲述自己是如何被宣布死亡的，尸体是如何被送到溪边火葬场的，最后尸体如何被洪水冲走，并由一位喜马拉雅大师和其弟子救起，等等。我师父没有出庭，但派了两位弟子前往作证。此案在加尔各答法庭审理了好几年，是印度审判史上耗时最长，规模最大的案件之一。王子最后要回财产和王位，但讽刺的是，一年后他就去世了。

这个案件，令师父声名远扬，人们开始到处寻找他。但师父一向对群众避之唯恐不及，只跟少数挑选出来的弟子接触，不间断地给予他们亲切的指导。在印度，经常有人想知道，那位救起王子的神秘人物究竟是谁。但师父不喜欢出名，受人瞩目，他习惯隐姓埋名，还是远离了那些群众。他说，真正追求开悟的人不应该抛头露面，制造太多的追随者和信徒。

修行路上最大的障碍和陷阱是名望和声誉。即使舍弃世间所有的名位之后，下意识中，仍然会潜藏着对好名气、求闻达的欲望。要洗净根植的欲望，修行者需要将自己的身、心、灵全部奉献出去，使内在丝毫不带个人的私心。如此的圣者，即使身在喜马拉雅山某一安静、偏远的角落，也能帮助、医治和指引人们。他们不希望获得任何回报，因为他们知道，成全别人就是成全自己，为人们服务，就是他们此生最大的需要。

幻想的脚印

西方人听过很多关于雪人的传闻。虽然这些传闻是幻想出来的，完全没有事实依据，可是不少西方人还是信以为真，不远万里来到这里，试图揭开喜马拉雅山上雪人的秘密。他们请来雪巴族的挑夫当向导。这些雪巴族人虽然是训练有素的登山高手，以探索喜马拉雅的群山为生，可是他们对于心灵方面的知识却相当匮乏。

很多外国人借助雪巴族向导的帮助攀登喜马拉雅山。他们带着照相机、帐篷、氧气筒和罐头食品涌来，有时甚至把一些地方弄得凌乱不堪。有一次，我曾碰到一位从西方来的富豪，带着一队印度人想要找寻雪人。我无法让他们相信所谓的雪人是不存在的。他们共花了四个月的时间和 33 000 美元，结果还是失望地回到了新德里。这个富人想要照下雪人的相片，后来甚至发布了一位尼泊尔出家人的照片，而叫他为“雪人”。

我还碰到过一位西方妇女，带了两个向导。她患了严重的冻疮。她说她此生的使命就是寻找雪人。她停留在大吉岭，尝试了三次去找寻雪人，却一次也未如愿。

虽然我从小在喜马拉雅山中游荡，却从未遇见过雪人。我听过很多关于雪人的故事，住在喜马拉雅山上的老奶奶经常会向她们的孙子讲述这些故事。人类的幻想有多古老，雪人的故事就有多古老。在深雪中，人的视力很容易模糊，山中有一种非常罕见的白熊，从远处看，很容易误认为是雪人。这些熊生活在高山上，常会偷吃探险者的食物，留下和人类似的巨大的脚印。

“雪人”这个词的翻译来自“Yeti”（耶提），它是梵文，意思是出家人、苦行僧。人们把“耶提”当成“雪人”,这是多么荒谬啊。“耶提”是人，而非雪人。

除非我们能够完全消除无知无明，否则人类的心智仍然会受到幻想的影响。如果心智不够澄明，就无法认知外面世界传来的信息，模糊的心灵看见的只有幻象。

幻想，不是心灵的本来面目，而是妄念的一种状态，是对事物缺乏了解所致。种种关于“大脚印”的故事，都是信者由自己的想象力和不实的认知编造的，基本上就是一种幻觉。当一头熊在雪地中快跑，往上爬，往下跑，它所留下的脚印就会显得很大。我有过一头宠物熊，我曾惊讶地看到它留下的脚印不仅很大，而且类似于人类的脚印。

唉，世人在幻觉的驱使下，至今仍在捕风捉影搜寻“大脚印”，我管它叫“喜马拉雅山之幻想”。我生于斯，长于斯，对于相信这种传闻，以及还在寻找根本不存在的东西的人，我实在无话可说。愿老天垂怜他们。那可不是什么雪人的足迹，是幻想留下的脚印。

生活在岩洞中

对于向往苦行生活的人来说，喜马拉雅山的某些地方是非常适合他们居住的，那儿有小型山洞，可以容纳四五个人，还有几处岩洞寺院。我就是在其中一处岩洞寺院长大的。那个寺院的历史可以追溯到数千年之前，第一位开山祖师的资料居然完好地保存了下来。

我们的岩洞寺院是一个天然的洞窟，里面有好几个隔间。几个世纪以来，窟内岩壁经过慢慢开凿，空间越来越大，可以容纳很多学生。洞内一代又一代居住者，他们致力于使洞窟变得安静、舒适。当然，它不是很现代，里面没有厕所、浴室和厨房，但它作为一所寺院，基本功能都具备了。

山洞内的照明是靠点燃一种名叫杜普的香棒，它是由草药做成的。当它燃烧时，发出光芒，待其熄灭后，开始熏出香味。此香棒的做法是先将草药压碎成小粉粒，再塑造成四寸长、一寸厚的香。它可以燃烧得很充分，在它温和的亮光下读经书，意境幽远。而当它熄灭后，散发出的香味，则沁人心脾。用松树和喜马拉雅雪松的树枝也可以做火把。它们本身具有天然树脂，易于燃烧。洞窟内有一处永不熄灭的明火堆，因而相当温暖。这个明火堆燃烧着巨大的圆木，而且还需要随时添加木柴。在夏天我们搜集大量的木头，以备冬季之用。

夏天，人们会在溪流的岸边种植营养丰富的蔬菜。那里还有各种各样的蘑菇、野菜，以及很多根茎类的食物。有两种根茎类食物，叫“塔鲁尔”和“昆西”，它们看起来和吃起来，都很像红薯。在洞窟内，我们以大麦、土豆、小麦、豆类和玉米为主食。它们生长在海拔 1 800 米的地方，由山中村民们所种植。每个村庄都有家庭作坊，制造高质量的毛毯、地毯和冬衣。有一条狭小的溪流，终年不断，由我们的山洞流出。它每年 11 月到 12 月会冻结。这时我们会把冰融化了饮用。在其他我住过的一些山洞中，例如马纳利(Manali)，就不容易获得饮用水，我们要到五六千米远的河流挑水来喝。

喜马拉雅山最壮观的顶峰之一：难陀天女（Nanda Devi）

在一些僻静地方修行的大师，仍然以古老的方式教导弟子。老师住在天然洞穴中，学生从各个地方来到此处，跟着老师学习和修炼。不过，大多数人不容易找到这些地方，因为喜马拉雅山脉的神奇之处，就在于如果单凭好奇心，或者自己还没准备好接受高维度的心灵教导，就无缘找到这样的洞穴。同样，如果因为感情问题赌气离家出走，去找寻师父，那么这种人是无法抵达喜马拉雅山那些高海拔地方的。没有坚强的决心和毅力，根本走不到那些大师、隐士和高人们藏身的深山中。

洞窟中的教学通常是以示范的方式，并在特定的时间内举行。然后，学生们借着展示他们的技能来判断自己进步的程度。有时候，教学是在静默中传授。当学生达到某一程度后，老师会问："如果你一辈子住在洞中，别人如何向你学习呢？"所以大部分学生在几年内就会离开。

能够将自己的人生变得富有创意和善意，是非常重要的。但在这之前，要先学会自律，控制好自己的心念、言语、行为，这样才能触碰到自己内心深处的潜能。岩洞寺院里所教导的种种自律方式，即使只练了短短几年，也会让生命的花朵永远绽放。一个拥有自控力的人，生活在世间，却又超然于世，他在生活之中，却活在了生活之上，不再被世间的种种问题束缚和困扰。

第2章

师父的教导

放眼望去，

全世界的孩子所接受的教育，

都是为了观察和了解外部世界，

只有在喜马拉雅山中，

老师才会教孩子学习如何探索内在世界，

发掘内心深处的力量和智慧。

学会给予

几乎所有孩子的本性都是自私的。他们不愿意把东西给予别人。我所接受的训练，就是要转化这种习性。

在山上的时候，我每天只吃一顿饭。我一般吃一张烤饼，一些蔬菜，一杯牛奶。有一天，大约下午一点左右，我洗好手，坐下，接过给我的食物。我做完饭前感恩祷告，正准备吃饭时，师父从外面走了进来："等一下！"

"怎么了？"我问。

"有一位老和尚到我们这里来。他饿了，你必须把你的食物让给他。"他说。

"不！就算他是一个老和尚我也不给。我也饿了，况且今天的食物只有这么多。"我争辩道。

"饿不死你的。把食物拿给他吧！但不要因为是我的命令，你才这么做。要像奉献爱一样拿给他。"师父说。

"我饿得很，他要吃我的食物，我凭什么还要表达出对他有爱心呢？"我不服气地说道。

"我命令你把食物奉献给他！"师父见无法说服我，就提高了声音。

和尚走了进来，他是一位老人，胡子都白了。他独自一人云游于山间，随身只带了一条毯子，一根手杖，一双木拖鞋。

“我真高兴您能过来，是否可以为我给这个孩子祝福？”师父对他说。

“我才不要什么祝福呢，我要的是食物，我肚子饿。”我嘟囔道。

“如果你在这个脆弱的时刻失控，你就会输掉生命之战。请你把食物拿去供养这位尊者。先倒些水给他喝，然后再为他洗脚。”师父对我说。

我依照师父的吩咐做了，但并不情愿，同时我也不了解这样做有什么意义。我帮助他洗好脚，请他坐好，然后把我的食物奉上。后来我才知道，他已经四天没吃过任何东西了。

他接过食物说：“上天祝福你，从今以后，除非食物摆在你面前，否则你永远不会感到饥饿。这就是我给你的祝福。”

他的声音沙哑、缓慢、低沉，却透出一股强大的力量。那略带颤抖的声音从我的耳朵流入内心，直达灵魂，引起全身震颤。我感到内在某些东西苏醒了，它们将让我发生改变。原本我有贪吃的习惯，见到食物就想吃，但是从那天起，我不再像小孩子般受到食物的诱惑和束缚了。他的声音钻入我心里如此之深，时至今日仍在我耳边回响。

利己与利他、爱与恨之间，仅一线之隔。一旦你跨过去，就可以感受到付出而不求任何回报的快乐。人若只是为自己而活，就永远无法体验到分享的快乐。学会给予，常常会带来意想不到的结果。

利己是一堵墙，隔绝了人与人之间的温暖与理解，而利他是在墙上开了一道门，或一扇窗，不仅带来清新的空气，还可以让你走出去，享受柔和的清风、温暖的阳光。这时你会领悟到学会给予，最大的受益者，不是别人，而是自己。因为你在给予的过程中，培养了同情心、理解力，磨砺心智，治愈自己，具有了更强大的精神力量。

老师如何考验他的学生

师父经常考验我，他要求我每天在某个固定的时间静坐冥想。“冥想”这个概念有着不同的解读。一些人认为“冥想”是沉思和思考，或白日梦和幻想，或催眠和自我暗示，或含有宗教的意味。事实上，这些都不是冥想。冥想是引导意识向内觉察，觉察内心最深入的层面。这个层面充满了奇迹和智慧的光芒，是用思考、分析、推理、评判、幻想和回忆等方法永远无法企及的境界。

冥想与宗教毫无关系，是一项科学、实用、纯粹、系统的技能，可以帮助人全面了解自我。通过冥想，人可以探索生命内在的维度，最终使你安住在自己的本性中。这时，所有的烦恼不复存在，所有的疑问一扫而光，人将体验到生命的完整、安宁、智慧，获得全然的满足。这种内心的喜乐状态，有人叫“开悟”，有人叫“三摩地”，有人则称之为“涅槃”或者“圆满”。

冥想时，大脑不会去留意外部世界和身边发生的事情，而是专注在洞察内心上。有一天，到了冥想的时间，我正闭着眼睛冥想。师父来了，他走到我的面前。显然，我没有专心在冥想上，否则就不会意识到他站在那里。

“站起来！”他说。

我没有回应。

“你听到我说话，并知道我在这里吗？”他问我。

“知道。”我说。

“你这算是冥想吗？”他问。

“不算！”

“那么你为何不站起来？”他问。

事实上，我是在假装冥想，被师父发现了。

除此之外，师父还经常用下面这种方法考验我们的态度，考验我们是否真诚，能不能自律。他会告诉你一个秘密，然后又悄悄告诉另一个学生一个秘密，对两人都说：“这个秘密千万不要告诉别人！”

然而，有些学生并不能保守秘密，而是跑去与别人交换秘密。他用这种方法测试，看能够将更重要的秘密托付给谁。

另外，师父也会做一些更严格的考验。有时他会说：“站在这里！”然后转身离开，一去就是三天。外面可能刮风，也可能下雨，但学生只能一直站在那里，等老师回来后，才算通过考验。很多时候，这道考题不仅是在测试学生的定力，更是在测试他们会不会撒谎。

学生的定力要接受考验，只有这样，他们才能独立自主，不依赖别人。老师考验学生，就是在教导他们自律，激发独立自主的精神。为了评估学生进步的程度，考验是很重要的。考验还可以帮助学生暴露连他们自己都察觉不到的问题。

半夜森林：一盏灯，一个人

有一次，我们从塔纳克普尔（Tanakpur）前往尼泊尔，途中住在一座森林里。那时已经凌晨两点了，师父对我说："去弄些吃的来吧！你沿着森林中的小路走 20 千米，就可以到达塔纳克普尔城里，那里的商店里有食物。"

另外有一位出家人也跟我们住在一块儿。他也有一位弟子，他就问我的师父："这么晚了，你为什么还叫他去呢？我是不会叫我的弟子去做这样的事情的。"

师父说："免开尊口！你只会把他变成一个胆小无用的人，而不是一位修行者。我正在训练这个孩子，他必须上路。"

然后他对我说："孩子！过来。提着这个灯笼，里面有足够的灯油。我把火柴放到口袋里了，你拿上这根棍子，穿上鞋子，到城里的商店买足够三四天吃的食物和杂货。"

我说："好！" 于是就上路了。

夜色如墨，四周的黑暗像一张巨大的网将我紧紧包围。在森林深处，我看见蛇和老虎多次从我前面的小路上经过。小路两边的杂草长得比我还高。我听见草丛中有很多奇怪的响动，但不知道是什

一位喜马拉雅的圣者

么东西发出来的。我提着一盏小灯笼，走了 20 千米来到商店。等我带着东西回来时，已是早晨七点了。

师父问："这一路怎么样？" 我把来回的经过向他陈述。

最后他说："好了，不说了。我们来准备早饭吧。"

在那个漫漫长夜里，我在恐怖的森林小路上，一个人，一盏灯，来回走了 40 千米。每一步都让我提心吊胆，感觉仿佛置身于未知的深渊。每一次心跳都在提醒自己还活着。尽管恐惧在心中蔓延，但我依然不停地迈开脚步。

这次真正面对恐惧的经历，让我获得了勇气、信心和力量。我领悟到，**每天做一件让自己害怕的事情，当你变得无畏时，生活就会有无限可能。**如果不敢去挑战内心的恐惧，说明你还没有领悟生命的秘密。

孩子跳入洪水中

学生，遍地都有；弟子，却少之又少。

很多学生来到我师父面前，恳求他收他们为弟子。为了表现自己的诚意，他们都努力服侍他、赞美他，并勤奋学习。但是师父却一直不松口，对于他们的恳求不做任何回应。

一天，他把所有学生叫到面前，一共25位，对他们说："跟我来！"每个人都跟着他来到南印度的通加巴德拉河（Tungbhadra River）岸边。当时正好是汛期，河水滚滚而下，河面非常宽，十分危险。师父说："谁能渡过这条河，我就收谁为弟子。"

一位学生说："老师，你知道我做得到的，但是我现在必须回去完成我未完的工作。"

另外一位说："老师，我不会游泳。"

我一言不发，师父一说完，我就跳进河里去了。河面很宽，河中有许多鳄鱼，还有巨大的圆木在激流中翻滚，但我一点都不担心。我的心念只集中于一点，那就是完成我所接受的挑战。我喜欢接受挑战，它能激励我，并检验我有多大能耐。我游累了，就浮在水面上休息一会，然后再奋力前行。就这样，我终于成功横渡了波涛汹涌的河流。当我回来时，看见师父静静地坐在河边。

师父对其他学生说："他可没说他是我的弟子，但他跳了。"

我和师父很亲近，我相信他，有他在，没有什么好担心的，我一定能做到。

心相信什么，身体就能做到什么。缺乏信心，很多事情可以说得到、写得到，但绝对做不到。怀疑是没有信心的表现之一。冥想时，师父对我说："把注意力集中在呼吸上——呼出怀疑，吸入信心。"

怀疑可以让我们获得某种程度上的智力知识，但唯有依靠信心，才能触碰到生命中最精微的内核。冥想可以深入内心，消除怀疑。瑜伽大师艾扬格说：**"冥想不仅改变我们看事物的方式，还改变看事物的人。"**

一捆干柴：我对师父的供养

在15岁那年，我接受了师父第二阶段的冥想启引。一般来说，弟子接受启引，都会对师父有所供奉。有的带着满篮子的水果、鲜花，或者金钱来供养师父，但我什么也拿不出来。

“师父，对我来说，什么才是给您最好的供奉呢？”我问。

“给我拿一捆干柴来吧。”师父说。

我想，如果有人给老师拿这样一捆干柴奉上，不被他的老师踢出去才怪。但我还是按照师父吩咐的去做了。

我带了一捆干柴给他，他对我说：“现在你全心全意将它供奉给我。”

我看着他，思索，他是如此有智慧的人，今天是怎么回事呢？

他说：“这是你所能献给我的最好的礼物。人们想要给我金子、银子、土地和房屋。这些值钱的东西对我毫无意义。”他解释说，“当你奉上一捆干柴给师父时，师父就知道你已准备好踏上修行之路了。这捆干柴象征你的过去，它束缚着你。你将它献给我，意味着你想从过去的困扰中解脱出来，将过去在智慧的火中烧尽。”

师父接着说：“我要烧掉这些干柴，所以你以前的业力对你以后就不会再有影响了。现在我给你一个新的生命。不要再活在过去，要活在现在，走向光明。”

火与木，是宇宙的基本元素，通过燃烧干柴，可以领悟到自然的力量和宇宙的法则。师父将那捆干柴放进火中。我注视着它们熊熊燃烧，慢慢化为灰烬。**火焰烧尽干柴，正如修行燃尽杂念。**我感觉自己的心灵正在解脱、蜕变、升华，归于纯净。

你寂寞吗，我从不寂寞

人感到寂寞是因为不能觉知自己内在的充实。当你需要依赖外在的什么东西，而没有意识到内在的充实时，你的确会感到寂寞。追求开悟，是从内在去寻找，了解你本身就是自性自足的，不假外求。倘若如此，无论在何种情况下发生任何事情，你都不会感到寂寞。

16 岁那年，有一天，我站在喜马拉雅山的岩洞外，看到一群人正朝着洞口走来。当他们走近时，我认出了其中一人是印度当地的一位王子，身边大概是他的助理、秘书和保镖。

王子走向我，傲慢地对我说："小和尚，我来见你的师父。"

"不让见。"我用同样的语气回答。

"你知道他是谁吗？"他的助理问。

"不管他是谁，我负责守护这个山洞，你们走开吧。"

王子一行无奈地离开了，接着又不甘心地折返回来，这样来来回回好几次，但都没用。我要保证师父尽量不被打扰，更不想见傲慢的人。

我曾问师父："这些富人大老远从四面八方来看你，你都不见，这样好吗？"

他微笑着说："我跟我内在的这位朋友相处，就很快乐。为什么还要见这些人呢？他们不是虔诚来问道的，都是想求些世俗的东西。有的想求子，有的想求官，都不是来找心灵的粮食。为什么你要让我去见他们呢？"

那位王子后来终于明白我根本不在乎他是什么身份、有什么样的地位和权力，于是态度来了一个 180 度的大转弯。过了一段时间，当他再次来到洞口时，很有礼貌地问："先生，可否让我拜见您的师父？"我领着他进入洞内。师父正安静地坐着。

高山上浓雾笼罩的隐居地

王子想要表现出优雅的举止和西方的礼貌。他说："老师，您看起来好像有些寂寞。"

师父说："是的，这是因为你来了的缘故。在你没来前，我正分享着我内在朋友的快乐。现在你来了，我就觉得寂寞了。"

诚然，在所有陪伴中，**最高级的陪伴是与内在真实的自我在一起。能享受与真我为伴的人，永不寂寞。谁使我们感到孤单寂寞呢？我们要求别人了解我们、爱我们，或我们也如此去爱别人，任何对外在的依赖，都会产生寂寞。**我们忘了内在那位永恒的朋友。当我们了解我们的真我，就不会再依靠外在的事物。对外在的依赖是无知的，须要加以驱除。**认识了自己内在的朋友，就会爱所有人而不依赖任何人，这样的人永不寂寞。**

独处与寂寞是截然不同的两回事。当心灵平静时，独处便成为与内在自我对话的机会。喜马拉雅山中的隐士高人，他们在独处中，远离外界的干扰，专注于内在自我。他们独处于内心的宁静中，感知宇宙的脉动，体验自我与宇宙的合一。他们通过独处，超越了感官束缚，达到心灵的自由。而寂寞是一种病，这种病无法让人感受到自我的存在，一旦得上，就很难治愈。

那位王子学到这一课之后，回到宫中静静沉思其中的道理。后来，他开始冥想，很快就领悟到，每个人都可以从自己制造的寂寞和痛苦中挣脱开来，去享受美满充实的人生。

一灯能破千年暗，一智能灭万年愚

有一天，我问师父："师父，有人告诉我幻相和无明是一回事，但我还是不太明白幻相是什么？"

师父经常通过亲身示范来传授真知，所以他对我说："明天早上我会让你与幻相见面。"

那天晚上，我一夜无眠，心里盼着明天我就能见到幻相了。

第二天清晨，我们像过去一样到恒河中去沐浴。浴后我觉得自己实在无法坐下来冥想，因为我兴奋不已，期待着揭开幻相的神秘面纱。在回山洞的途中，我们碰见一棵干枯的大树。师父突然冲到树边，紧紧抱住枯树。我以前从未见过他跑得这么快。他大声地叫我："你是我的弟子吗？如果是，那就快来救我！"

我说："啊？你曾经救过那么多人，怎么今天需要我来救你呢？到底发生了什么事？"

看见师父被大树吸过去后，我很怕那棵树，不敢走近，因为我怕靠近它也会被吸住。我想："如果这棵树把我们俩都吸住了，谁来救我们呢？"

他大叫道："快救我！抓住我的脚！用力把我拉开。"我用尽了全身力气，就是无法把他拉离那棵树。

然后他又说："我的身体被树干捉住了。"我用尽平生之力也无法将他拉开。

最后我放弃了努力，开始思考，并对他说："这怎么可能呢？这根树干根本没有力量抓住您，您在玩什么把戏？"

他笑着说："这就是幻相。"

师父对我说，无明是指个人的无知，而幻相是那个东西根本不存在，但看起来好像存在一样。然后他解释，当我们把一切心思、精力和才智都耗在相信那些不存在的事物时，不存在的东西被认为是存在的，这就是幻相。

他告诉我，幻相如水中的倒影，皆为虚幻，不可执着。他要我坚持练习冥想，对一切不要执着，时刻保持觉知。他说：

"幻相深深地根植于执着之中。当我们想要得到某些东西或对它产生执着时，它就变成了幻相的源头。执着是痛苦之源，冥想是解脱之道。冥想不执着于结果，专注于过程，达到内心的平静与安宁，这就是破除幻相的方法。执着越少，内在的力量就越强，心灵的维度也就越高，越能领悟天机，得见真实自性。

"许多人把爱与一往情深的依恋混为一谈。事实上，在一往情深中，你会变得执着、自私，只关心自己的快乐，还会滥用爱。你会充满占有欲，执着地渴望占有依恋的对象。一往情深会造成束缚，而爱则带来自由。当瑜伽行者谈及不执着时，并非教人冷漠无情，什么都不在乎，而是教导如何真诚地、无私地爱他人。正确的理解是：不执着，才能爱。无论是在喜马拉雅的岩洞里，还是繁华的都市，我们都可以修炼不执着的爱——慈悲为怀。”

我在喜马拉雅山恒河岸边学到的这一课，让我获得了这样的启示：幻相是黑夜，冥想是灯塔。一灯能破千年暗，一智能灭万年愚。

苦涩的真相与善报

有一次，我与师父一起旅行，路过一个小镇时，小镇火车站的站长走过来对我说：“先生，请教我一些修炼的方法吧，我保证会忠实地遵循。”

师父对我说：“告诉他一些具体的修炼方法吧！”

我说：“为什么要让一个傻瓜去误导另一个傻瓜呢？最好还是由您来指导他比较好。”

于是师父对站长说：“从今天开始，不要说谎，在接下来的3个月里，请忠实遵守这条规则。”

该地区铁路段的大多数员工都不诚实，并且收受贿赂。但是这个人却决定不再受贿和撒谎。

就在同一周，总部的一位主管来调查他和他的助理，站长如实回答了主管试探性的问题。这次询问给他的手下带来了严重的麻烦，所有受贿的员工，包括站长本人，都被起诉。他心想：“这才过了几天，我就陷入了这样的困窘。未来3个月，还不知道要发生什么事。”

不久，他的妻子和女儿也离开了他。不到一个月，他的生活就像一座纸牌屋，轻轻一触就倒塌了。

那天，站长非常痛苦，而我们却在离他约 500 千米的讷尔默达河(Narmada River)畔。师父躺在一棵树下,突然大笑起来。他说:“你知道发生了什么事吗？我吩咐不要撒谎的那个人，今天进了监狱。”

“那你为什么还笑？”我问。

“我不是在笑他，我是在笑这个愚蠢颠倒的世界！”

尽管站长说的是实话，但与站长同一单位的 12 个人联合起来，说他是个骗子，满嘴谎言。他们指控他是唯一犯有受贿罪的人。结果站长被关进监狱，其他人都被释放了。

当站长在被告席上接受审讯时，法官看着他问:“你没有辩护律师吗？”

“我不需要。”他说。

“但是我想要有人帮助你。”法官说。

“不，我不需要辩护律师，我只需说实话就行了。不管您要判我坐多少年牢,我都不会说谎。我之前收受过贿赂,后来遇到一位圣者,他告诉我无论如何都不可以撒谎。我的妻子和女儿都离我而去，我丢了工作，没有钱、没有朋友，还进了监狱。这些事都是在一个月内发生的。不管发生什么事,我还要继续说实话两个多月。法官先生,即使把我关进牢房，我也不在乎。”

法官宣布休庭，把站长叫到办公室，问他:“是哪一位圣者教你要这么做的？”他据实以告。谁知那位法官也是师父的弟子，就判他无罪释放，并对他说:“你已经走在了正道上，要坚持下去，我与你一起共勉。”

这个倒霉了 3 个月的人，在 3 个月期满的最后一天，当他安静地坐在一棵树下时，他接到一封电报，电报内容是：“你的父亲生前拥有的一大块土地，被政府征用很久了，现在政府要给你补偿。”政府补偿他 100 万卢比（相当于 10 万美金）。他之前根本不知道有这么一块土地。他琢磨：“我发誓不说谎至今刚满 3 个月，就得到了这么大的回报。”

他把那笔补偿款给了妻子和女儿。她们说：“我们想回到你的身边。”

“不！”他说，“到目前为止，我只看到了 3 个月不说谎会发生什么，现在我想知道，如果我余生不撒谎会发生什么。”

不撒谎是修行的重要原则，通过诚实的言行，可以净化心灵，提升灵性。当你不说谎，不做那些违背良心的事，言行一致时，你会发现内在的力量——那是由真诚和正直释放出来的无穷的力量。在修行的道路上，良心是最好的向导。

自律的必要性

我经常到兰姆加拉（Ramgarah）森林去，我的朋友南丁巴巴住在那里。他从 6 岁起就开始苦修。当年我们俩都很调皮，不守规矩，经常偷偷跑到村子里，潜入别人的厨房，有什么吃什么。然后再悄无声息返回森林。村民家中的食物不翼而飞，一时间议论纷纷，村子被神秘的气氛所笼罩。有人认为是神仙下凡，也有人认为是魔鬼来袭。

当地有很多苹果园，它们属于奈尼塔尔（Nainital）城里的富人。一天我们离开了原来的住所，搬到一条流经这些苹果园的河流附近去住。晚上，我们用捡来的木柴生火，由于林区的管理员担心我们会引起森林火灾，所以我们就到苹果园里燃起火堆。园主看见我们，认为我们是在偷园里的金苹果，以及其他珍贵品种。他非常小气和吝啬，从不像别的园主一样允许人任意捡拾掉在地上的苹果。他命令守园的人拿着竹棍赶来。五个人跑过来要殴打我们。当他们逼近时，发现我们并非小偷，而是住在森林里的年轻出家人。

三个月后，我回到师父身边时，他对我说："你做的蠢事，给我惹来了麻烦。"

“我什么也没做啊！”我一脸懵。

“我必须保护你，就像妈妈保护婴儿一样。你什么时候才能长大？你为什么要侵入到别人的果园？”他继续说道。

“万物属于神，侍奉神的人皆可用。”我引经据典狡辩道。

对此，师父说：“这种想法是为一己之私而误用经典，必须纠正。”然后，他给我如下指示：

1. 神明无处不在，做任何事都不能昧了良心。

2. 不要沉迷于财物带来的感官快乐，要用它们作为工具，提升自己的心性。

3. 不可觊觎他人之物，包括财产、女人和金钱。

他说：“你不记得这些话了吗？它们都出自《奥义书》。从今以后，如果你再有任何违规违法行为，或滋扰了别人的生活，我就不再理你了。”

有时候，师父处罚我的方式，就是不和我说话。他的静默有两种，一种是充满爱的慈祥的静默，一种是惩罚性的静默，其间的差异我是非常清楚的。那时我才16岁，精力充沛，非常好动，常常让他伤透脑筋。但他却常说：“孩子！这是我的业报，不是你的过错。我是在为自己造的业承受果报。”每当这个时候，我都觉得很难过，答应他不再违背他的训示。但没过多久，我又故态复萌。有时候，我知道自己是在做不负责任的事情，而有时候却是由于觉知力不够，没有意识到自己在犯错。尽管我总是不守规矩，行为不端，但慈爱伟

位于喜马拉雅山中投力（Toli）地区的村庄

大的师父在任何情况下都爱着我。

当一个人成熟后，就会明白真正的人生哲学，然后开始觉知自己的念头、语言、情绪和行为，变得自律。修行需要时刻保持警觉。戒律不可死板地去执行，或者强迫执行，要有耐心给学生留下足够的时间和空间，让他们逐渐认识到持戒是自我成长不可或缺的。僵硬地遵循戒律，不见得有什么效果，它固然能让人知道什么是可做的，什么是不可做的，但却永远无法做到知行合一。

第3章

避免成为这种人：有知识，没感受

有些人的心灵为什么不能成长？

是因为缺乏感受。

去感受是心灵成长的最高方式，

其他方式都是零星化的、碎片化的。

冥想与宗教的不同就在于，

宗教让你信仰点什么，

而冥想带给你的则是直接的自我体验。

开悟本身是一种超意识体验，

离开了亲身感受和直接体验，

一切都是枉然。

你的感受，不需要外界的证人

有一天，师父要我坐在他面前，问：“你是个博学的孩子吗？”

我对师父口无遮拦，再荒唐的话也敢说，有时甚至很无礼。他是我唯一可以完全坦诚的人。不论我对他讲什么，他都不会觉得冒犯。我说的一些愚蠢的话，他也觉得很有趣。我回答说：“当然，我是一个知识渊博的人。”

“你学了些什么？又是谁教你的呢？说来听听！”他说。

“母亲是我的第一个老师，接着是父亲，再就是其他亲人。随后是与我一起玩耍的伙伴，以及学校里的老师，还有书本。”我回答。

“到目前为止，无论你从家中、学校，还是书本上学到了什么，你所学到的一切都来自别人。而别人又是跟谁学的呢？他们也是跟别人学来的。你自称知识渊博，可这些知识都是别人的，我觉得你很可怜，你自己的知识一点也没有，你的想法都是别人的想法。”

我说：“等等，让我想一想。”这是一个令人震惊的醒悟：我所学到的一切，居然没有一件是我自己的。如果你站在我的立场，可能也会有同感。你所仰仗的知识，完全不是你的知识。所以，不论你拥有多少知识，都不能让你的心灵满足。就算你研读了整个图书馆里的书，你的心依然会感到空虚，灵魂依然会苍白、干瘪。

“那么我如何才能得到自己的知识呢？”我问。

“你要亲自验证那些从外面学到的东西。用亲身感受来帮助自己找到答案。最后你就得到了属于自己的真知灼见。光知道是不行的，一定要亲自去经历、体验、感受和验证。未经亲身体会的知道，都是徒劳的。虽然间接知识也能提供信息，但却不能给心灵带来满足和快乐。生命是一种体验，而不是一屋子堆砌的知识。古往今来，无数智者千辛万苦，就是为了直接验证真理。他们不满足于从别人那里获得知识，为了追求真知，敢于挑战那些顽固捍卫传统信条的人，即使遭受迫害也在所不惜。”

从那时起，我便尽力遵循师父的忠言。我发现，知识是否有用，亲身感受是唯一的检验标准。我们大多数人发现一个观点后，都会去找朋友，告诉他们，希望得到他们的认同、肯定。如果他们说：“是的，你的想法是正确的。”那么我们就认为这是真理，但别人的意见并不能用来测试真知。

当你直接体验到真理时，你的感受就是最好的肯定，不需要去请教邻居和老师，也不需要从书本上去寻求肯定。心灵的感受不需要外界的证人。如果你还存有疑惑，就表明还未踏上领悟之路。当你全力以赴，将所有的疑虑都打消，全然回归内心，你就会了了分明，啜饮到真知源源不断的活水。

心灵的智慧来自亲身感受

靠自己是很重要的。当你开始从内在得到直接的感受时，你就是在靠自己。当然，你需要一位老师，一位向导，我并不是告诉你，不需要向别人学习或者说你不需要读书。不过，我曾遇到过一位大字不识的人，每当我阅读深奥的经典遇到困难时，他都能给予最好的解答。

一天，我正在教授《梵经》，它是吠陀经典里最难、最深奥的一本书。里面有许多金玉良言，我本身并未真正了解，但是在解释给学生们听时，他们大致上也还满意。但是我自己却感觉差强人意。晚上，我就去请教这位出家人。他没有研读过任何经典，甚至连自己的名字都不会写，可是他的知识无人可以匹敌。他说：“如果没有内在直接的体验，你是无法了解这些简洁的格言的。”然后他给我讲了一个故事，帮助我了解直接和间接知识的区别。

有位瑜伽行者，他有一个学生，这个学生从来没见过牛，也没喝过牛奶，但却知道牛奶营养丰富，所以他想要去找一头奶牛，然后挤奶来喝。

他去找瑜伽行者，问：“您对奶牛了解吗？”

“当然。”瑜伽行者答道。

“请您描述一下奶牛的样子好吗？”学生请求道。

瑜伽行者把奶牛描述给他听：“奶牛有四条腿，是很温顺的动物。它不在森林里，一般在村庄里。牛奶是白色的，对人身体的健康非常有益。”瑜伽行者接着又把牛的耳朵、尾巴等，几乎每一部分都很详细地描述了一番。

听了老师的描述后，学生就启程去寻找奶牛。在路上，他看到了一座牛的雕像，思忖：“这不正是老师描述过的牛吗，准没错。”说来也巧，那天附近的居民正用白色涂料粉刷屋子，将一桶白色的涂料放在了牛雕像的旁边。学生看到白色的液体，就推断：“这一定是牛奶，喝了对身体有益。”他端起白色涂料就咕噜咕噜喝了下去。当即感觉严重不适，被送到医院去。

学生康复后，回去见瑜伽行者，很生气地说：“你没有资格当老师。”

“怎么了？”瑜伽行者问。

“你所讲的牛的样子，根本不是那么回事。”学生说。

“发生了什么事？”瑜伽行者问。

学生将经过详详细细说了一遍。

“你有没有亲自挤牛奶？”瑜伽行者问。

“没有。”学生答。

“这就是你遭遇痛苦折磨的原因了。”瑜伽行者说。

今日，很多知识分子之所以不幸，不是因为他们没有知识，而是因为他们拥有太多的间接知识，没有用亲身感受来验证。**他们有想法，没体验；有知识，没灼见。**他们就像上面那位学生，带着太多的间接

斯瓦米·拉玛，
摄于喜马拉雅山区的乌德尔
格希（Uttarkashi）

知识，游走人间，免不了要遭受苦难。

那位大字不识的圣者，经常解开我的困惑，跟着他学习，我收获良多，否则书本上、经典上的知识只会使我更困惑。今天社会上所谓的聪明人，只从书本和经文中获取了一些知识，这些知识需要用亲身体验作为注解，才能真正领悟。倘若缺乏亲身体验，用这些知识填满大脑，就如同吃了没有营养的垃圾食物。冥想真正的意义在于体验内心的安宁与觉知，这种感受无法通过文字和语言来描述，唯有亲身实践才能体会。亲身体验带来的洞察，比通过书本学到的更为深刻和持久。

不说话，被毒打

有一次，为了观察内心的感受，觉察自己的行为，我一直保持不说话，练习静默。当时我住在阿约提亚（Ayodhya）郊外的萨育河（Saryu）边，这是圣者罗摩的诞生地。当地的人知道我在静默，无法开口要求食物，所以他们每天会为我准备一餐。

此时正值盛夏,我没有遮风挡雨的地方。一天晚上,突然乌云四合,雷声大作，不一会儿大雨倾盆而下。而我仅有一条毯子，于是就跑到一座庙里去躲雨。天已黑了，我从庙的后门进去，坐在廊檐下。三个手持竹棍的保安走了过来，问我为什么要待在这里。他们怀疑我是小偷。我正在静默期,没有回答。他们就用竹棍狠狠地打我,我昏了过去。

庙里的住持提着灯笼过来，看到底是谁偷跑进庙里。我头上鲜血直流，全身伤痕累累。住持跟我很熟，看到这种情形，大吃一惊。当我醒过来后，他们为刚才所犯的严重错误向我道歉。

那天的亲身感受让我明白了，修行真不容易。这之后，我继续做自律训练，但不再在城市中走动。

在所有训练和治疗的方法中，最高的方法就是自我训练，即对自己的意识、言语、行为保持清醒的觉知。我致力于时时记录、观察自己的感受、想法、言语和行为。在那段日子里，我发现，每当自己静下来时，思绪的泡沫就会突然从潜意识中冒出来。要学会如何调节心灵，以及掌握其变化规律，就必须通过自我观察、自我分析和冥想。

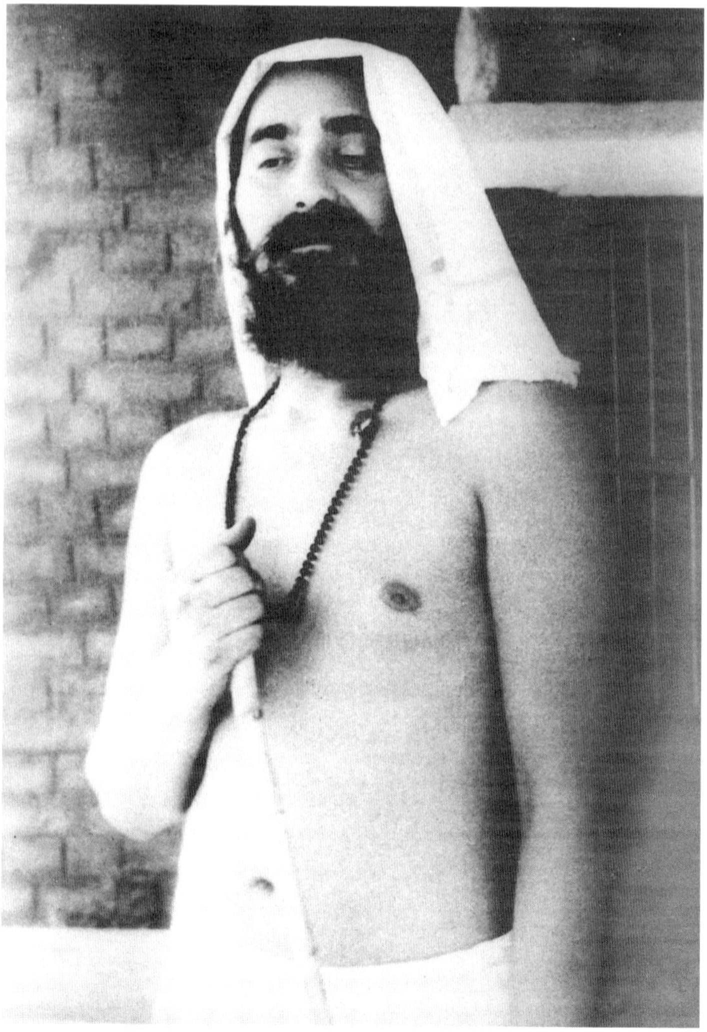

斯瓦米 · 拉玛，摄于北方邦的阿约提亚

我花了很多时间来学习控制心念，研究意识心灵和无意识心灵之间的关系。

很多次，我觉得：“现在我已经可以控制我的念头，成为心的主人了。”但是没过几天，一些奇怪的念头又像泡沫一样从无意识心灵的深处冒出来，控制了我的意识，改变了我的态度和行为。这令我非常失望、沮丧。但幸运的是，我总能遇到一些能帮助我的人，给予我引导。

如今的人们，从很小的时候就开始看图识字，辨别动物、花草和鱼类，学习了解外部世界，但很少有人学习如何向内看，发现和了解内在。**一个不了解内在的人，不可能真正了解外在，他所了解的外在，不过是自己内在的投影。**正因如此，他时常会出现误读误判，不仅搞砸人际关系，也让生活充满困惑和失望。

对于学习向内看的人来说，冥想是一条通道，通向内在。冥想要时时保持警觉、坚定，开始不可期望太多。我的体会是，冥想没有速成之法。现代的学生都希望学冥想立刻就能收到成效。这种期望导致他们产生了许多幻觉、幻想、幻相，可他们却误以为这就是精神体验。实际上，这些只是无意识的产物。他们会由此心智失调，倍感挫折和沮丧，有的选择放弃，有的则走火入魔，在邪路上狂跑。

冥想不是幻觉，而是一种内心的探险，它带我们走向更深的自我觉知。在冥想中，我们找到的是心的自由和解放。

喷火的人：不上当，不成长

有一次，我见过一个艺人，他能够从嘴里喷出火来，火焰可达三四米远。我仔细检查，想知道这种现象是否做假。我要求他把嘴巴洗干净，想确定他嘴里是不是藏了磷这类的东西。我也叫来几位朋友检查，显然他并没有骗人，于是我认定："这个人的确是比我师父高明。"这位艺人告诉我："别跟你师父学了,那是在浪费时间。跟我学吧，我会教你一些真正的智慧，我会告诉你吐火的方法。"

他说得我心花怒放，于是便决意离开师父。我见到师父，说："我找到一位比你高明的人，我已决定拜他为师。"

"我很高兴。你去吧，我希望你会快乐。他是做什么事情的？"师父问。

"他会从嘴里喷出火来，很厉害。"我说。

"可否带我去见他呢？"师父说。

第二天早晨，我们出发。这位艺人住在 37 千米外的山里，我们走了两天才到那里。我们一到，这位艺人便向师父合十行礼！

我吃了一惊，问道："师父您认识他？"

"当然认识,他是从咱们寺院出走的。现在我才知道他躲在这里。"

“你在这里做什么？”师父问他。

“老师，我学会了从嘴里喷火。”他回答道。

师父看见火焰从他嘴里喷出，便轻轻笑了起来，问道：“你花了几年工夫学来的？”

“我练了两年。”艺人对自己的成就很得意。

这时，师父才对我说：“用火柴点火，只需要一秒钟，如果你花两年时间，只为能从口中生出火来，那就真是一个傻瓜了。孩子，这可不是智慧啊。要是你真的想见到圣者，我会告诉你他们住的地方。你去见他们，学些经验吧。”

后来我才明白，这些本事都是用以表演的杂技，与开悟没有半点关系。相反，它们还会给心灵造成严重的障碍。心灵的力量可以用在很多方面，如果不知晓生命真正的意义，力量就会被滥用，得不偿失。有时候，当心灵的力量涌现出来时，你会逐渐对事物生起分别心，这会导致心神散乱。不要让这些所谓的杂技阻断了你的跃迁之路。

一个没有信仰的和尚

有一位博学、智商极高的出家人，他是一位逻辑大师。他只相信自己能够理解的，对于不理解的事嗤之以鼻。他不相信宇宙中有更高的力量存在。无论别人信什么，他总可以用很聪明的论证方法来驳斥。很多学者都避开他，但他和我是好朋友。我被他的逻辑思辨方式所吸引。他将所有精力都放在一件事上：如何辩论，驳倒对方。他有学问，但又很固执。

他常说："我不明白为什么大家不肯来跟我学习？"

我就对他说："别人怕你，你会毁了人家的信念，为什么要来找你？"

他很有名，写了一本驳斥所有古典哲学的书。那是一本奇书，可以用来训练逻辑思维，书名叫《印度的六派哲学体系》。

他没有信仰，却是一名僧人。他说自己之所以会出家，就是要揭露那些出家人，因为他们都是虚伪的。他说："出家人是社会的累赘。他们没有任何真本事。我要告知天下。"他发誓，谁能说服他相信某些东西，他就做那人的徒弟。

"谁要是收你做徒弟，谁就是最笨的人。"我对他说。

“为什么这么说？”他问。

“有谁能对付你那固执的脑袋？你的脑袋在某一方面很厉害，但是你对心灵和精神方面的事情却一无所知。”我回答道。

“你才固执。你会去谈那些未知的事情。这都是幻想、垃圾。”他反驳说。

“无论多困难，我都要让你认识到天外有天，有逻辑推理无法到达的领域。”我对他说。

有一天，我问他：“你见过喜马拉雅山吗？”

“没有，从来没见过。”他回答。

“夏天是去喜马拉雅山最好的季节，那里风景如画，妙不可言。”我说。

我思忖，如果他跟我去的话，我也许能找个机会融化他的狭隘和固执。

“我很想去。喜马拉雅山那么美，谁还需要信仰？“他说。

我琢磨：“我得把他逼入绝境，当他感到恐惧、无助和绝望时，他的理智将不堪一击。”我打算带他去我熟悉的一座雪山。

我们带了一个小营帐、一些干粮和干果，就出发前往马特峰。

我是在喜马拉雅山区长大的，我会一种特殊的体位法和呼吸方式，能保护我不受寒气所侵，所以很耐寒。但是这位可怜的逻辑大师就惨了，他不习惯高山的严寒，冷得发抖，很痛苦。出于同情心，以及要让他知道我爱他，所以我把自己的毯子给了他。

我带他到达海拔 4 000 多米的高度，稍微往上一迈步，他就会说：“我呼吸困难，喘不过气来。”

“我一点也没感觉，呼吸正常。”我对他说。

“你还年轻，所以对你没影响。”他说。

“不要被打败。”我说。

他每天都在教我逻辑推理，我厌烦了，就把话题转移到登山上来，我说：“能与大自然如此亲密接触，这是多么美好的感受啊！”

我们在山中走了四天之后，天开始下雪。我们在海拔 4 300 米处扎营。我们只有一个小帐篷，长 1.2 米、宽 1.5 米。当积雪达到 0.6 米厚时，我说：“你知道，积雪会到 2 米厚，那时我们的帐篷就会被雪掩埋，而我们就被活埋在里面了。”

“不要讲这些！”他高声说。

“这是事实啊。”我说。

“我们能往回走吗？”

“不能。”

“那怎么办呢？”

“我会祈祷。”我说。

“我相信事实，不相信那些虚无缥缈的东西。”他说。

“如果你要用逻辑推理去停止降雪，就请便。”我说。

“我怎么知道你的祈祷会有效？假如你祈祷，然后雪停了，我还是不会相信，因为雪可能原本就会停的。”他说。

不久，小帐篷周围的积雪就到了 1 米深。他感觉有些窒息，我看出他非常惶恐。他浑身战栗，不仅是因为寒冷，更是因为恐惧。我从雪堆向上挖了一个洞，以便能够呼吸。但那个洞旋即又被降雪所盖住。我确信有件事会发生——在孤立无援的境地，在恐惧和绝望之中，他理智的堡垒即将崩溃。

终于，他乞求我说："你想想办法吧！你师父是一位真正的圣者，我曾多次出言侮辱他。也许这就是我应得的报应，我活该遭遇这样的危难。"他害怕极了。

我说："只要你祈祷，雪很快就会停止，天会放晴。如果你不肯，只有死路一条，而且还拉着我陪葬。"

"真的？"他问。

"你可以试试。"我答。

"但是如果雪不停止，天不放晴，我非杀了你不可，因为你让我违背了誓言。"他开始相信我。

在死亡的威胁之下，在感受到生命的脆弱和无助之际，就算是他这样顽固之人也会击碎以前的自我，变得虔诚。

由于我对山中的气候非常了解，知道大雪很快会停止。过了不久，雪停了，太阳也开始露脸。他讶异不已。

"我们能生还吗？"他问。

"能。"我回答道。

"我现在终于明白，我的确有所不知。"他说道。

经过这次事件，他发生了很大的变化，不再滔滔不绝地与人雄辩，开始变得沉默寡言。一天晚上，我看见他仰望星空，感动得哭泣，流下热泪。他真切地感受到在理性之外还有别的东西。这之后，他又活了 21 年，写了很多书，其中一本是关于超越理性和直觉的。

我们会遇到某种境地，是理性无法引导的，只有直觉能为我们提供出路。直觉是神圣的礼物，理性是忠实的仆人。当心灵被信仰充满时，直觉的光芒会照亮前方的道路。

蓦地，有个念头在我心中闪现，我想起大哲图尔西达斯的话：“天地的磨盘不停转动，磨碎顽固的理性之后，将显现出纯净的心灵、智慧的光芒和对生命的更深理解。”

花之谷的奇人

市面上关于喜马拉雅山中的花卉，以及自然生态的著作不多，但只要我能找到的，都会尽力去研读。一位英国作者描写了喜马拉雅山中一个开满花朵的山谷，我读了之后，向往之情油然而生。喜马拉雅山有数不清的百合、杜鹃，以及其他品种的花，而我特别渴望到那位作者描写的“花之谷”去看看。

有一位瑜伽圣者经常在“花之谷”所在的喜马拉雅山中云游。我跟他很熟。他年约 80 岁，健康强壮，是一位奇人。无论去什么地方，他的肩上都扛着一床特殊的被子。被子很重，大约 40 千克。也许你会奇怪，他怎么把一床被子弄得那么重。他去任何地方，只要捡到碎布，就缝到被子上，那是一床有上千个补丁的被子。他把这床被子叫作“百纳被”，而人们则叫他“被子巴巴”。

我央求他带我去花之谷，他说：“如果你真的想跟我去花之谷，那你就必须一路上帮我扛着这床被子。”

我答应了，但我一把被子扛上肩，就被它压得踉踉跄跄，以至于跌倒。

“你看起来很健康，怎么如此软弱？”他笑着说。

然后，他捡起被子，放在肩上，说："你看，多轻呀！"然后又把被子放到我肩上。他认识我师父，所以才让我随他去花之谷。

上路的时候，他说："人在花开的季节进入花之谷，出来后会失去记忆。所以我们应该把世界上像你这样顽固的家伙带到那里，好好修理修理。那些自以为学问好，喜欢争辩的人，也应该把他们带到这里，让他们知道自己有几斤几两。"

"我可是跟着你的。"我说。

"没错，但你老是在争辩，从不仔细听。你自认为懂得很多，就觉得了不起。我可不识字，没有读过书，你受的教育比我多，你有文化，但我管得住我的心。"

"我也管得住。"我脱口而出。

"咱们走着瞧。"他回答说。

"先生，最要紧的是，请你把我肩上的被子拿下来，我实在扛不动了。"

他叹道："唉！现在这些孩子。"他把被子拿开，对被子说："我最心爱的被子，谁都不了解你。没有人知道你是活生生的。"

我看了看他，心想："这个人真疯了。"

第二天早上，一个日本和尚加入了我们。他也很想去见识花之谷。日本和尚也认为被子巴巴是疯子。他问我："这个人怎么扛着这么重的东西呢？"我们就攀谈起来，我想交换彼此的体验，总是不错的。

日本和尚不敢独自去花之谷。有人告诉他，游人进入花之谷，出来后什么事情都忘记了，感官对外物也会出现认知不协调的情况。游人失忆之后，只会一直傻笑。他说，这位巴巴是我们理想的向导，因

花之谷

为他在这个地区云游，认识所有的山路。

到了翌日，日本和尚开始发烧，打冷战。他是在缅甸的森林里染上了疟疾。体温高达近40摄氏度，脉搏非常急促。巴巴对他说："你跟这孩子说我是疯子。你想不想见识一下我这床被子活生生的威力？你可知道这被子不仅仅是被子而已，它是一股活的能量。你想康复吗？想，就跪下来，谦卑一点！"巴巴用被子盖住日本和尚。

"我要被压扁了！我个子小，被子那么重！"日本和尚说。

"别讲话！"巴巴说。过了一会儿，他把被子从日本和尚身上移开。

"你好些了吗？"巴巴问日本和尚。

"先生，我好多了。"日本和尚说，

"这被子宽大慈悲，它把你的烧给拿走了。"巴巴望着我说，"你是否希望彻底根治他的发烧？”

“是的。”我说。

“但他说我是疯子，我觉得他不值得我帮。”巴巴说。

“圣者慈悲为怀，不会吝于助人。”我说。

“我当然会帮他。”巴巴笑道。

在我们同行的 15 天中，日本和尚再也没有发过烧。

在巴德瑞那特（Badrinath）城外 15 千米处，有一条岔路是通往花之谷的小路，其地有间很小的锡克教神庙，庙里的人和被子巴巴很熟，我们就在庙中吃饭，休息了一整日。第二天上路，前往赫姆库德（Hemkund）的花之谷。

放眼望去，山谷中万花怒放。最初几个小时，感官慢慢放松，令人心旷神怡。但逐渐地，我开始感觉到自己的记忆消减。过了五六个小时，巴巴问：“喂，你！能告诉我，你叫什么名字吗？你能管住自己的心吗？”

我俩都很迷糊，居然想不起来自己叫什么名字，忘得一干二净。我只知道自己还活着，并隐约知道自己和另外两人在一起，其他什么都不知道了。这些花香非常浓郁，熏得我们头脑昏昏，失去理智，感官也被麻醉了。讲起话来颠三倒四，语无伦次。

我们在花之谷住了一个星期，非常快乐。巴巴不时地嘲弄我们：“你们的理智，你们所受的教育，都跑到哪里去了？你们还管得住自己的心吗？”

走出花之谷后，巴巴说：“你们感到快乐，那是受到花香的影响，可不是冥想入定。就像大麻对人的作用，而人却以为自己在冥想。看看我！野花的香味就不会影响或改变我。哈哈哈！你受过高等教育，读过很多书，却会被花香影响。你定力不够，不仅会被花香影响，还会被别人的观点影响。到目前为止，你所有的看法其实都是别人的看法，别人的看法就像花香，熏得你失去了定力，失去了自己。今天是一个绝佳的机会，你可以从中明白该如何管住自己的心。”

第4章

治愈之声：真言的力量

真言（Mantra），又叫曼陀罗，

是一个音节、一个声音、一个单词、一句短语或一段唱诵。

它是由伟大的圣者在深度冥想中所感应到的。

它不是人类说话的语言，是在超意识状态下所接收到的声音。

念诵真言，你会感受到一种力量从宇宙深处涌来，洗涤心灵，

重塑生命的能量。

研究表明，真言的反复念诵会对大脑产生积极影响，

减低压力水平，改善情绪，增强认知功能。

真言的节奏和音调也被认为具有治疗效果，有助于调节神经系统。

在真言的韵律中，身体的每一个细胞仿佛都在欢唱，散发出治愈的力量。

当真言的声音回荡在空气中，

仿佛能感觉到有一双无形的手在抚平内心的伤口，

带来深深的慰藉。

真言是疗伤的绷带

真言的每一个音节，如同涓涓细流，缓缓流过心灵的荒漠，带来生命的希望与宁静。

真言有许多层次：由粗到细，到精，到精微，到最精微。例如，嗡（AUM），是由 A、U、M 这三个字母组成，代表了三种意识状态：清醒、梦境、深眠，或三种身体层次：粗身、细身、精微身。但这个真言的第四个状态，或最精微的状态是无形、无声、不可名状的。练习者如果了解拉雅瑜伽 (Laya Yoga，消融瑜伽) 的方法，就能了解无形之身和超意识状态。真言极其重要，具有非常强大的力量，被认为是天人之间的桥梁，所有内在觉知的源头。只要常铭记于心，它就能成为我们探索内心最好的引路人。

小时候，我有真言收集癖，就像许多孩子喜欢搜集玩具一样，总是期盼收到的新真言比原先拥有的更好。有时候，我会将自己的真言和其他学生的相互比较，心里想：“我的真言比他的真言更有效力。”

有一位冥想大师住在喜马拉雅山深处。我专程去拜望他。当我到达时，他问我：“你此行的目的是什么？”

“我想求一个真言。”我说。

“那你必须耐心等待一段时间。”他回答。

西方人去求真言时，他们愿意付很多钱，但不愿意等待，我也想这样做，于是说：“大师，我得赶时间。”

“那你明年再来吧！”大师说。

“如果我现在留下来，需要等多久呢？”我又问。

“我要你等多久，你就得等多久。”他说。

于是我就耐心地等下去，一天、两天、三天，这位大师仍然没有传真言给我。

到了第四天，大师说：“我要传给你一个真言，但你必须答应，你会永远记着它，时时持诵。”

我答应了他。

“我们去恒河边吧。”他说。

无数圣者都是在神圣的恒河畔进行冥想，并接受启引。

我站在岸边，望着滚滚恒河，说：“我发誓绝不忘记这个真言。”我重复说了好几遍，但是他仍然不开口。

最后他说：“无论你身在何处，都要活得愉悦，这就是我传给你的真言——保持愉悦，即使你被关进牢房，即使你必须前往地狱，你也能就地打造一个天堂。记住，我的孩子，愉悦是一件你可以自己做主的事情，只需努力就可达成。你要为自己制造出喜悦。记住我这个真言。”

我十分高兴，也十分沮丧，我期待他给我一个不同凡响的声音来持诵，却得到一个非常实用的。我一生都在用这个真言。每一次念诵，仿佛有一股温暖的能量从内心深处升起，驱散所有的痛苦和黑暗。同时，还感觉到这段真言的音波如同无形的绷带，细腻轻柔地缠绕在心灵的创伤上，慢慢愈合，带来内心的平和。

野蜂的真言

有一种真言，叫“阿普塔”，拥有此种真言的瑜伽行者不会轻易将其传给别人。我要告诉各位，我是怎么得到这种真言的。

从前有一位瑜伽行者，住在瑞诗凯诗（Rishikesh）城恒河对岸的一间小茅屋里。要到那儿去，必须跨过一条摇晃的吊桥。那个时候，瑞诗凯诗城人口还很稀少。野象经常在晚上出没，偷吃我们铺在屋顶和墙上的茅草。象群多达三四十头，它们来到时，我们就坐在茅屋内，有时它们会嚼光半间茅屋。此外，老虎也经常在附近徘徊。当时，瑞诗凯诗还非常原始。

奉师父之命，我去拜见这位圣者，与他住在一起。每天清晨，我会跟着圣者去恒河中沐浴。师父告诉我，无论到哪里都要入乡随俗。浸浴后，圣者的弟子会爬上一棵树，折断一些树枝，我们把这些树枝的末端咬松，用来当牙刷，清洁牙齿。每天都如此。

有一天，圣者自己爬到树上，他很少亲自上树，但这一天他要示范一些事让我看。圣者已 70 多岁，但仍能轻松爬上树。树上有一个野蜂窝，他不但视而不见，反而爬近那个蜂巢，喃喃地和蜜蜂交谈。我在树下大叫道：“老师，千万不要招惹这些野蜂。”与此同时，我迅速地把头部罩了起来。我想：“如果这些野蜂被惊吓，就会到处乱飞，也会飞过来蜇我。”那些野蜂是非常可怕的，如果被十或二十只蜇到，大概就活不成了。

瑞诗凯诗，当地一名叫作塔瓦拉巴巴的瑜伽行者

圣者在野蜂窝旁边折下一根树枝，蜂群并未骚动。他安全地下来，并对我说：“现在你上去，给自己也折一根树枝吧！”

“我不需要树枝，没有它我也可以。”我又补充道，“如果你要我爬树，就得先把保护您的真言传给我。”当时，我对各种真言非常着迷。我想要那个真言，这样我就可以向别人炫耀自己的能耐了。这就是我求真言的目的。

圣者对我说，只要我爬上去，他就会告诉我这个真言。我依言爬到了蜂巢旁边。

“再靠近点，面对面和它们交谈，说我与你相邻而居，我不会伤害你，也请你不要伤害我。”圣者说。

“这可不是真言。”我说。

“照我的话去做，你的嘴唇要非常靠近野蜂，近到可以轻声耳语。”圣者说。

“难道它们能听懂印度话？”我说。

“它们能听懂出自内心的语言，只要你诚心诚意，不管什么语言，它们都懂，你只管对它们说就是了。”圣者说。

尽管我心中充满疑惑，但还是照他的话做了，我非常惊讶，那些野蜂并没有攻击我。

“老师，是不是这些野蜂很温顺？”我问道。

他笑了笑，说：“不要把这个真言传给任何人，它只对你才灵。切记。”

后来，每当我去人口稠密的地方，一般都会选择郊外的一处花园居住。那时我年纪尚轻，不够成熟，喜欢炫耀。有客人来时，我会爬到树上，从蜂巢里采撷一些蜂蜜来招待客人，并且不会遭蜂袭。

我在旁遮普邦（Punjabi）的皮瓦尼（Bhiwani）时，有一位和我熟悉的金匠要求我将这个真言传给他。

我答应了，完全忘了那位圣者对我说过的话，这个真言对其他人不灵。我告诉金匠与蜜蜂交谈的方法。他爬到蜂巢旁不停地复诵这个真言，但是没有效果。结果招致数百只蜂蜜同时攻击他。他从树上掉了下来。我们立即把他送到医院急救，在医院里他足足昏迷了三天。我担心极了，心想："这个可怜的兄弟，就这么被我害死了。"我不停地祈祷，希望他能康复。

到了第三天，教我真言的瑜伽圣者竟然在医院出现了，使我惊讶不已。他说："你到底做了什么事！你为了炫耀自己，却差点送了别人的命。希望你记住这次教训。这个人会好起来的，但是我要把那个真言的力量收回来。你以后再也无法使用它。"那次以后，我对任何事都格外谨慎小心。

后来，师父告诉我，真言要发挥作用，一定要心与口、口与手相一致。你心里想的，就是你口里说的；而你手上做的，正是你心里想的和口中说的。如果心里想一套，口中说一套，手上又做一套，真言就会失效。

我终于明白了，我在与野蜂窝接触时，真心不想伤害它们，所以说话的声音自然柔和，手上的动作自然轻微，野蜂没有受到威胁，就不会被激怒。但那个金匠就不一样了。他仗着有真言护身，动作幅度很大，声音粗犷，以至于伤到了野蜂。他违背真言在先，当然会遭到野蜂的攻击。

误用真言太可怕了

在我们寺院中，有某些经卷是绝对不能碰的，除了住持之外，任何人都不能读，它们属于普拉瑜伽经典，上面记载着非常深奥的修炼法。

师父经常说："你还不能去修炼那些经典上所述的功法。"

但是我非常固执，渴望知道经典里到底藏了些什么。那年我 18 岁，什么都不怕，而且还缺乏责任感。我想："我的程度已经很不错了，如果把这些经典置而不用，那么他们写这些经典做什么呢？我必须照着经典上的方法来实验一番。师父能力非凡，我若有什么差错，他一定会护我周全。"

有一次，师父要我帮他带一卷手稿，随他一起旅行。他说："不准翻开来看。"但我非常好奇，暗下决心，只要师父不在，身边无人时，我就要翻阅它。

一天傍晚，我们走到恒河边的一座小茅屋旁，师父入内休息。我思忖："机会来了，我正好看看秘典里写了些什么。"这间小茅草房没有窗户，只有一个进出的小门，我从外面把门锁上。

我想，我可以通宵阅读秘典了。那是一个月光皎洁的夜晚，看起书来并不费力。经卷用一条绳子绑着，我小心翼翼把它解开，开始研读。里面记载了一种修炼的方法及其产生的效果。

看了一个小时后，我想："为什么不照着练一下呢？"我把经卷放在旁边。经卷中说，只有道行很深的瑜伽行者才能做这种修炼，稍有差错就会有危险。在那个血气方刚的年纪，我认为自己已经很了不起了，所以就开始练习。

书上记载了一个真言，说这个真言可以唤醒人内在和外在的某种力量，但必须念诵1001遍，我念了900遍，一点感应都没有。我想这个真言可能没有效力。但是当我念到第940遍时，看到身旁出现了一位巨大的妇人，她捡了许多木柴开始生火，然后她把水倒进一口很大的铁锅中，放在火上面煮。

我继续念诵……念到第970遍时，就忘了数，因为我看到一个男子从同一个方向过来。最初我心里想："这一定是真言的力量，不要看他，继续念。"可是，当他向我走过来时，我看见他非常巨大，是我从未见过的，而且全身赤裸，一丝不挂。

赤裸的巨人问那个妇人："你在为我煮什么？"

妇人对他说："我什么都没有，如果你拿一些东西来，我就煮。"

赤裸的巨人指着我，说："你看他就坐在旁边，为何不把他切成碎片煮来吃呢？"

听到他这么说，我的牙齿不觉颤抖起来，手上的念珠也掉落在地上。我晕了过去。不知道昏迷了多久，当我醒来时，师父坐在我面前，拍着我的脸颊说："喂，醒醒吧！"我瞬间清醒，大叫一声："哎呀，那个巨人要把我切成碎片了。"随即又再度昏了过去，这样反复了三四次。直到最后师父连续踢了我几脚，并喝道："起来！你为什么要这样做？我告诉你不要练习这些真言，而你却把我锁在里面，你真是个傻孩子。"

从这次亲身经历中，我深深地感受到，**误用真言就如同在黑夜中点燃火把，却未料到引来的是狼群。**真言反噬的力量太可怕了。从此以后，我只练习师父教我的真言，对一些小事也不敢鲁莽了。年轻的时候，我做了不少愚蠢的事情，但是真言为我带来的觉知力，总能帮助我渡过难关。

有些真言，如果没有心灵纪律，不能正确使用，就可能产生幻觉，就像我那次的教训一样。幻觉是不纯净和未经历练的心灵的产物。当心灵纯净并向内集中时，真言就会起到帮助的作用。不了解真言的意义，就无法唤起舒适的感受；而没有强烈的感受，持诵也就没有多大用处。

持诵真言发生的奇事

有一次，我停留在坎普尔（Kanpur）城外10千米处的恒河对岸。我住在一座临河的花园里。那段时间里，我放下了一切尘世的纷扰，专心修炼。

我未进城，但许多人却从城里跑来见我。他们带着水果前来，然后就在我面前坐下。为了避免这些干扰，我准备了一些念珠，等到有人来时，我就会说："你先坐下来，持诵这个真言2 000遍，然后我们再谈。"大部分的访客都会留下一串念珠，一声不吭地离开。

有位先生名叫奇勒纳特，他是印度央行驻坎普尔分支机构的财务总管。一天午后，他和四个人一起过来。他们坐下后就开始持诵。他们持诵得非常入神，以至于忘了时间。

到了晚上七点钟，他忽然睁开眼睛说："坏了，大事不好了！"

"什么事？"大家问他。

"我有一份极其重要的文件，今晚七点前必须送出去。文件还锁在我的保险箱里，唯一的一把钥匙在我这儿。"他有些紧张地说。

"你是受到这里的氛围影响了。每个来这里持诵的人都是如此。你放松些，忘却世间的烦恼。为什么要如此担忧？"我说。

“可是那份文件关系到银行的重大项目，我应该及时交给他们才是。”他说。

“瞧，今天你的持诵到了忘我境界了。”我说。

“所以我还在这儿。耽误了大事。”他说。

“不用担心。如果因为持诵真言发生了某种坏事，就由它发生。如果不是的话，反而会发生更大的坏事。”

他们跳上马车，飞奔而去。

当他们赶到办事处时，已经错过了文件的送出时间。他们非常沮丧，但工作人员告诉他们：“实际上，文件的延误反而是件好事。我们刚刚发现其中存在重大错误，如果按时送出，整个项目都会陷入大麻烦。”

奇勒纳特惊讶地问：“是什么错误？”

工作人员解释说：“文件中用错了几个关键的数据，如果使用这些数据，会导致项目严重偏离原定目标，不但会造成巨大的经济损失，还可能让银行陷入法律纠纷。”

奇勒纳特的助手激动地走过来说：“老天保佑，庆幸没及时送出那份文件。我们现在有时间修正错误，确保项目顺利进行。”

这时，奇勒纳特才意识到，持诵真言让他避免了多么大的灾难。他感慨道：“我从未想到，持诵真言竟能有如此神奇的力量。以后我要更加专注于修行。”

这件事之后，越来越多的人前来持诵真言。他们相信，通过持诵真言，他们也能获得内心的宁静和智慧，避免尘世的烦恼和灾难。

真言如舟，穿越生死之海

无数人已经证明了一个事实：**你越接近内心深处，越能获得长久的幸福。**

如果没有踏上内在之旅，即使身体四处奔波，也是徒劳。但是一般人不了解这一点，他们生活在外在世界，不知道如何进入内在世界。他们认为，通过感官就可以在外在世界中找到幸福。我年轻时也是这么想的，以为外在世界才是幸福的源头。

有一天，师父叫我前去一位富人的家，富人已经处于临终阶段。

我抵达后，富人对我说："先生，请为我祝福。"他极为悲伤，泪流满面。

"您为什么哭得像个可怜无依的孩子似的？"我问他。

"我真希望我是个孩子。到如今我才明白自己是世上最可怜、最虚弱的人。我拥有那么多财富，但此刻有什么用呢？都是一场空。"他回答。

我立刻明白了那位富人内在的贫穷。从此我开始研究临终之人，其中包括诗人、作家、哲学家、政治领袖，然后发现他们在临终前都深陷于痛苦之中。他们之所以会有痛苦，是因为他们对人生以及财富非常执着，从来没有深入内在世界。如果他们深入内在世界，体验到自身的完整存在时，内心就会获得满足，不会再被物质世界和自己的思绪所烦扰。由于他们的内在已经发生了意义深远的转化，所以外部世界的动荡不安根本无法影响他们。

真言是通往内在世界的指南针。通过念诵真言，我们能够深入内心的深处，找到宁静与平和，即使是面对死亡，也毫无畏惧。

有一篇记载圣人柴坦尼亚·摩诃巴布生平事迹的文献表明，他临终前不断持诵真言，内心平静，没有丝毫的恐惧。

有一次，在坎普尔市也发生过类似的事情。那是在一个医学世家里，母亲是一位非常虔诚的信徒，也是我的学生。她死前 6 个月，决定一个人单独居住，整天在房间里打坐、冥想、念诵真言。6 个月后她生病了，躺在床上，生命垂危。她的大儿子是医学博士，非常孝顺，执意要待在母亲身边，伺候她。母亲对他说："我不希望你对我如此不舍。不准坐在我的身旁。咱们母子一场，有缘，你才来。我尽完母亲的责任，缘尽了，就得离开。现在我必须独自上路。就算你紧挨着我，也帮不到我。"

一般人在临终时都会感到孤单、恐惧，心中没有丝毫安全感，他们会非常执着于子女以及自己所拥有的财产。但这位女士却是一直处于祥和之中，将全部精力集中在念诵真言上。她对儿子们说："我处于极大的喜乐中。你们的执着，无力将我挽留。"

"妈，我那么爱您，难道您不再爱我了吗？妈妈啊，您这是怎么了？"儿子抽泣着说。

"过去的事已过去，该来的已经来了。我不执着，才自由自在，无比喜乐。我是这喜乐汪洋中的一滴，我不再忧愁、畏惧了。你只是执着于我这个身体，而我知道这只是一个躯壳罢了。”她回答。

我当时在场，除我之外，她不准任何人留在房间里。

临死前5分钟，她微笑着在我耳边低语：“这些人以为我失去了理智，疯了，却不知道我收获了多少。”随后她让我把所有家人都叫进来。她举起手祝福他们，然后安然离去。

她死后，她住过的房间仍然有真言的声音缭绕。

真言是独特的声音，有独到的效果。若有意识地不断念诵真言，真言就会在你的潜意识中刻下深深的凹槽，而心灵能量则会顺着凹槽自然流动，赋予你强大的精神力量，消除对死亡的恐惧。当死亡来临时，在身体、呼吸和意识即将衰竭之际，储存在潜意识内的真言就能成为临终者的一盏引路明灯，带领他安详穿过未知的黑暗。

师父对我说：**“在生命的尽头，真言如同灵魂的舟楫，载我们穿越生死的海洋。”**

第5章

在雪山脚下，学习谦卑

在喜马拉雅山中，

仰望那巍峨山顶上永恒的白雪时，

敬畏之情油然而生，

令人不禁沉思：

我们只不过是浩瀚宇宙中的一粒微尘，

唯有谦卑，

才能真正与自然和谐共存。

真正的力量不是来自于放大自我，

而是来自于放下自我。

放下自我不是自卑，

而是超越自我，

与更宏大的力量相连。

高举自我者，终将自食其果

有一次，师父住在喜马拉雅山一个名叫通纳特（Tungnath）的圣地。我前去探望，半路上，我到一座名叫卡纳普亚格（Karnaprayag）的寺庙歇息。当地有一位非常有名的圣者，名叫普罗拔，他就住在寺庙旁边的一个岩洞内，我特意前去拜访。

那个时候，我正在接受出家人的训练，准备做法师。我遵照传统的礼仪向他行礼，他坐在一张折成四等分的毯子上，几位村民坐在他的面前。我希望他能让我坐在他的旁边。因为在印度的村庄里，法师是受人尊敬的，人们见了法师，都要躬身行礼。我本来就有些自大，再加之人们对法师的尊敬，把我的自我意识越喂越大，以至于带来了很多问题。

普罗拔好像看穿了我的问题，他微笑着说："请坐吧。"

"可否把您的毯子展开，好让我坐在您的旁边？"我请求道。

他没有说话，只是望着我微笑。我很坚持。

"您为什么不让我坐在您身边？"我相当傲慢无礼。

他引用了印度史诗中罗摩与哈奴曼主仆之间的对话："本质上，我们是一体，并无不同。但是化为人的形象，你却成了我的仆人，而我却成了你的主人。”他接着说，“当今之人，一事无成之时，却想坐上主位。”

然后他给我上了一课：

有个人去见某位圣者。圣者坐在一个高台上，下面围坐着一群人，正在听他讲课。来人地位显赫，但因为圣者待他与其他人一样，没有给他特殊待遇，所以心中不满。他走上前去，问道：“先生，我可以跟你一起坐在讲台上吗？”

“你应该知道学生有学生的位置和角色，老师有老师的位置和角色。”圣者回答道。

“学生的位置在哪里，角色是什么呢？”来人问。

“学生的位置不在讲台上，而在讲台下，他的角色是听课，还要伺候老师，干一些杂活，例如打扫卫生、洗菜、做饭、洗碗等，还要有向上的心理，净化自己。”

“老师要做些什么呢？”那人又问。

“老师只管在讲台上教课，不用做任何粗活。”圣者回答。

“为什么我非要做那些粗活呢？学习与做粗活一点关系也没有。”那人理直气壮说道。

“不，那样你会伤到自己，伤到别人。你必须从一开始就明白，修行之路上容得下任何东西，唯独容不下自大。”圣者说。

普罗拔讲完这个故事后，在场所有人都把目光看向了我，我羞愧得无地自容，尝到了将自我高高举起的苦果。

自大会在修行者和他要学习的东西之间竖起一面高墙，将自己孤立起来，老师教的他听不进去，别人说的他不以为然，而且还不听良知的劝告。自大需要大量的苦行来修正，否则所有的智慧、所有的机会……都会流失。

自大的代价

雨季时，出家人是不外出的，他们会找个地方住上四个月，等待雨季结束。这段时间正好是读经的好时节，很多人会来到法师们居住的地方，听他们讲经。虽然那个时候，我还是实习法师，但每天也会讲课。老师面对学生时，很容易自负。我感觉，有些老师的问题是学生弄出来的，因为学生崇拜老师，把他捧上了天，这样一来彼此的交流就极为有限了。

我的学生为我搭建了一个高台，请我坐在上面。我为自己拥有大批追随者而感到无比自豪。于是乎，飘飘然，自我膨胀得也就没边了。当你是新手，并且渴望名声时，这种情况就很容易发生。追随的人越多，就越自大。

在我的学生中有一位特殊的出家人，我认为他的知识不是很丰富。每次我讲课的时候，他总是安静地坐在角落里。事后证明，他是位高人，但当时我毫不知情。他会来这里，也许是我心诚的缘故。我曾向天祈求，赐给我智慧与光明，结果他就来了。而我又做了些什么呢？我常常把缠腰布交给他洗，整天叫他做这做那的。如此经过了两个月，他才决定给我上一课。

一天早上，我和他坐在恒河边的一块大石头上，我正在刷牙，命令他说："给我打点水来。"他受够了我的狂妄自大，就对我说："你就继续刷吧！"话音刚落，我就像被催眠或中邪了一般，不省人事了。

两天过后，有人发现我躺在那里，脸肿得很厉害。我的牙刷早就掉了，而我却仍然不停地用指头在嘴巴里搓来搓去。我是无意识地这么做的。

师父来了之后，对我说："起来吧！"

我想睁开眼睛，但脸却沉重得抬不起来，牙龈也肿了起来，下颚无法动弹。

这个时候，师父才告诉我："那位出家人是位伟大的圣者。你在他面前不知谦卑，还无礼对待。现在你受到教训了，我希望你不要再犯同样的过错了。"然后他说，"起来，抬起头，看着天空，开始走路。"

"如果我一直看着天空走路，我会摔倒的。"我埋怨道。

"是呀！人要低下头来，走路才不会摔倒。人生之路多险阻，你要学会谦卑，才能走过危险的旅途。自大和傲慢是人生旅途中的两块绊脚石。不谦卑，就学不到东西，你的成长之路就会受阻。"

自大的确算不上是什么罪行，但一切罪行的核心都是自大。

谦卑或许不起眼，但它是所有智慧之根。

鞠躬：深沉的心灵语言

我曾遇到一位精通吠檀多哲学的学者，他是一所著名大学的哲学系主任。他说："如果我能回答你的问题，我会很高兴。"

我便向他请教："《奥义书》似乎充满了矛盾。他们在一个地方说'梵'只有一个，是独一的；在另一个地方又说'一切东西都是梵'；在第三个地方说'世界是假的，只有梵才是真的'；在第四个地方又说'在这林林总总的背后，只有一个绝对的实体'。这些话互相矛盾，该如何理解呢？"

"我不知道如何回答你的问题，你是一位见习法师，应该比我更清楚这些问题的答案。"

我找过许多有学识的人，但是没有任何人的回答能令我满意。他们能针对不同版本的《奥义书》进行评论，但关于这些明显矛盾的问题，却没有人能够回答。

最后，我去见一位瑜伽圣者，他住在乌德尔格希附近，要深入喜马拉雅山区 200 多千米，他的名字叫毗湿奴·玛哈拉吉。他终年赤身裸体，没有衣物，一无所有。

我对他说："我想了解一些关于《奥义书》的事情。"

“你先鞠躬,然后我回答你的问题。你带着膨胀的自我来询问《奥义书》，怎么能学到书中精细的真理呢？”

我一向不喜欢给别人鞠躬，所以我离开了他。从那之后，我一问起《奥义书》，人家就建议我：“去找毗湿奴·玛哈拉吉吧，其他的人，谁也没法回答你的问题。”但是我心里很害怕，因为他知道我最大的毛病——自大。

每天我接近恒河岸边他住的山洞时，都会想：“让我看看他怎样回答我的问题。”可是我越靠近山洞，越胆怯，不敢面对他。每次都临时变卦，打道回府。

有一天，他瞧见我在附近徘徊，就对我说：“来吧，坐坐。肚子饿吧？要不要跟我一起吃饭？”他和蔼可亲，令人非常愉快。他给

乌德尔格希的修行者

了我食物和饮料，然后说道：“现在你该走了。今天我没时间陪你。”

“先生，我来是因为心中有疑问，吃的喝的，别的地方我也能弄到，我要的是精神食粮。”我说。

“你还没有准备好，你心里还想试探我，看我能不能答复你的问题。你并不是真的想学。等你准备好了的时候，再来找我，我会回答你的问题。”

第二天，我变得非常谦卑，向他鞠躬，然后说道：“先生，我准备了一整夜，现在我已经就绪了。”

他开始教我，娓娓道来，令我茅塞顿开，一切疑问迎刃而解。他说，《奥义书》中的教义并不矛盾，它们是圣者在深度冥想时所接受到的启示。他有条不紊地解释说：

“刚开始冥想时，圣者察觉到这个表象的世界是不断变化的，而真理是不变的。随着冥想的深入，他又进一步觉察到这个充满变化的世界是虚幻不真的，而在这个不真实的世界背后，有一个绝对的真实，它是不变的。到了第二个阶段，已经觉察到绝对的真实，便会了解到一切虚幻不真实的东西，皆是那个绝对真实的表现。所以，也就不存在虚幻不真实的东西了。在这个阶段，人会领悟到在有限和无限世界里只有真实相同的本体。而冥想者一经步入更高的境界，便会了解到世上只有一个绝对的实体，而看起来是虚假的事物，实际上都是由绝对的实体显现出来的。

“这些明显矛盾的东西，常常会让没有能力的老师感到困惑，无所适从。在学习《奥义书》时，一位合格的老师会让学生体验到不同层次的境界。别人以为的矛盾，其实是不同层次的心灵境地，它们彼此并不矛盾。《奥义书》中的道理，不是用理性思维所能理解的，只有靠直觉，才能真正理解。要学到真正的知识，就不要陷入无意义的争论，要让灵光独耀的直觉来解决理性所不能解决的问题。”

与这位瑜伽圣者相遇的经历，让我深刻领悟到：**鞠躬不仅仅是一个简单的身体动作，它更是一种深沉的心灵语言，表达放下自我后的谦逊和敬意。**每一次鞠躬都是心灵的沉淀，让我们找到内心的平和与安宁。每一次鞠躬也意味着接受自己与万物的联结，感受到生命的流动和智慧的传递。

师父曾教我向太阳鞠躬，瑜伽中称之为“拜日式”。清晨时分，我们站在山顶，遥望天边的地平线，仿佛看见了时间的尽头和空间的起点，心中充满了宁静与敬畏。一轮朝阳缓缓升起，我们弯曲身体，向太阳鞠躬。师父说：“鞠躬不仅是对太阳的敬意，也是对内在光明的唤醒。”

那一脚，踢醒了我

年轻时我觉得自己很棒，学了很多东西，认为自己不需要接受任何进一步的教育和学习了。我觉得全印度的出家人没有一个比得上我，因为我比他们都知识渊博，而且很多出家人还是我的学生。当我把这个自我膨胀的想法告诉师父时，他看着我，问：“你吃了什么迷幻药了吗？你的样子特别像。”

“没有啊！我说的是真的，我就是这样感觉的。”我回答道。

过了几天，师父重提此事：“你毕竟还是个孩子，只知道上大学。有四件事是你目前尚未具备的。等你掌握了，就会有收获。

“你要有一颗炽热的追求真理的心；同时，要剔除自己内心的占有欲；你还要舍弃愤怒与执着；定期练习冥想。只有当你做到这四件事之后，你才是一个很棒的人。”

然后，他要我去拜访一些瑜伽圣者。他说：“当你和他们在一起时，你要非常谦卑，如果你固执，或逞强好胜，就无法从他们那里学到智慧。他们只会闭上眼睛打坐，不理睬你。”师父之所以这样说，是因为他知道我很倔强，又没有耐心。

他列了一个瑜伽圣者的名单给我。这些人都是他的朋友，他们中的很多人从小就认识我，因为师父拜访他们时，总是会带着我。那时我很淘气，会捉弄他们，朝他们扔石子，好让他们知道我在附近。而每次他们来拜访师父时，也会问："那个孩子还在您身边吗？"

我首先拜见的是一位以沉默著称的瑜伽行者。他对世俗之事已完全不动心，无论周围发生什么，他都不会抬眼去看。在去拜访他的途中，附近的村民告诉我："这个人不跟任何人说话，也不看任何人，甚至不吃东西。最近三个月来，他一直坐在同一个地方，也没见他起过身。我们从来没见过这样的人。"事实上，他这种状态叫作"蟒蛇定"。正如蟒蛇能长时间维持在休眠状态一样，有些瑜伽圣者也可以好多天纹丝不动，处于深沉的入定状态。

我去见他的时候，他正躺在山坡上的一棵菩提树下，双眼闭着，面带微笑，仿佛宇宙之主，万王之王。无论夏天、冬天，还是雨季，他从不穿衣。他的皮肤似乎不受天气的影响，就像大象的皮肤一样厚实，风雨不侵。虽然他一无所有，却表露出绝对满足的神情。

我看见他躺着的模样，脑海里产生了一个念头："至少他应该有点礼貌。"继而又想，"是师父令我来拜见他，师父是不会让我浪费时间做无意义的事情的。现在我看见的只是他的身体。"我上前去摸他的脚，按照印度的风俗习惯，摸触圣者的脚，便会得到加持。

他对外界的刺激没有反应，他的样子仿佛在神游太虚。我对他连声说了三四次："喂，先生，你好吗？"他都没有回应。他一动不动，也没回话。我开始按摩他的脚。以前当师父疲劳时，我经常这样做。我想他也应该高兴，但他却一脚踢上来。那一脚的力道太大了，我整个人飞了出去，沿着山坡翻滚下去，最后掉进了湖里。在滚翻中，我碰到不少树枝石块，结果满身是伤。我气得要报复："他凭什么这样做？我恭恭敬敬来见他，为他按摩，他竟然踢我一脚。他算是什么圣者？我要教训他，给他一点颜色瞧瞧。他踢我一脚，我要踢他两次。"我准备还击，心想没准儿师父让我来的目的，就是要好好教训他一番。

我怒气冲冲地爬回山坡，他已经坐了起来，笑着说道："你还好吧，孩子？"

"我好吗？你刚才一脚把我踢下山去，还问我好吗？！"我怒道。

"你的师父要你掌握四件事，现在你已经毁了一件。我踢你是要测试你对愤怒的控制力，现在你暴怒失控，在这里是学不到东西的。你定力不够，还不够成熟。你的师父是一位无我之人，你并没有按照他的教诲来做。你这个样子，怎么能在我这里学到东西呢？你自己还没有准备好，你走吧！"

从来没有人这样对我说过话。我回忆了一下，才发现他所说的一切都是真的，我的确被气疯了，没能控制住怒气，反而被怒气完全控制了。他问道："你知道我们为什么要触摸圣人的脚吗？"接着，他朗诵了一段优美的文字，出自波斯经典：

圣人把他生命的精华呈现在莲花足下，才使得他的智慧无边。

人们总是通过脸来认识别人，但圣人是你仰望不到的存在，所以众人只要找到他的双脚，就可以向脚顶礼膜拜了。

他说："触摸别人脚的时候，一定要谦卑。此地留不下你，你走吧。"

我听后，泪如雨下，心想："几天前，我还以为自己很棒，显然我根本不是。”我黯然地对他说道：“先生，当我真正克服了我的自大后，我会再回来见你。”说完，我便离开了。

一切人生道路上的挫折与打击，都会教给我们一些东西。佛陀说过：**“对智者来说，没有所谓的坏事，只要懂得怎么利用，人生任何逆境都能成为成长的阶梯。”**

我转道去拜访另一位圣者，决定无论他如何对我，我都不会被激怒。他住在一座美丽的农场内。

“我把这座农场送给你，你要吗？”他亲切地问我。

“当然要。”我回答道。

他笑了一下，说：“你的师父教你不要有占有欲，你知道是什么原因吗？因为当你想占有某个东西时，你也被这个东西占有了。如今你被这个农场占有了，怎么能让心灵自由呢？”我感到很羞愧，觉得自己太渺小了。我总是向“愤怒”和“占有欲”低头，却无视心灵还有更高的维度。

其后，我又去拜访另一位圣者。途中有一座天然喷泉，这是人们常来沐浴的地方。圣者显然知道我要来，就事先在喷泉边上留下几枚金币。我停下脚步，看到三枚金币闪闪发光。心里盘算着是否要捡起来。我捡起来，塞进缠腰布内。继而又想：“这些金币不是我的，我为什么要拿呢？这样不行。”于是我又把钱放了回去。

见到这位圣者的时候，他看上去似乎很不高兴。我向他行礼。他说：“你为什么要把金币捡起来？你对金子还有贪念？出去！这不是你该来的地方。”

“可是我把金币留在了原处啊。”我申辩道。

“你是后来才把金币留下的，你捡起在先，这说明金币对你有吸引力，这才是关键所在。”

拜见这些圣贤，让我逐渐领悟到，从书本上得来的知识和亲身体验获得的知识是截然不同的。我渐渐察觉自己有许多缺点，这令我不安。

后来，我回到师父身边。他问：“你学到了什么？”

“我学到了自己徒有知识，却没有知行合一。”

“这是所有知识分子的通病。这些人有了知识，就骄傲得不得了。现在我来教你如何修炼，才能做到知行合一。”

接着，师父教我更高级别的冥想。他说，冥想是沉默的行动，能带来真正的觉悟。我按照师父教我的方法，每天坚持冥想，专注于内心的宁静。感觉自大虚荣的毛病，一点点消失，自己逐渐变得谦卑。我终于明白师父对我说过的一句话：“在冥想的静谧中，自我消融，谦卑绽放。”

人知道的东西够多了，但只知道却不能用于日常生活，知识就仅仅局限在“知道”上。这些“知识分子”，其实是“知道分子”。他们知道自己该做什么，不该做什么，却不知道自己“是什么”。真知不是来源于“知”,而是来自于“是”。冥想可以帮助我们了解自己“是什么”。

冥想不是为了脱离自我，而是与自己的本来面目相遇。冥想从有声到无声，从运动到静止，从有限的身体到无限的旅程。在这个过程中，你会失去很多东西，但你会找到自己，并变得越来越像自己。

是诅咒，亦是祝福

无论何时，每当我自大时，就会倒霉。这是我的切身体会。

师父告诉我："你要尽力，但是，只要你的自我意识膨胀，心怀自大、自满、自私，你做什么都不会成功。这是我对你的诅咒。"

我惊讶地看着他。他到底在说什么呀？

停顿了一会儿，他继续说道："不论何时，只要你不自大、不自满、不自私、充满爱心，你就会发现自己背后有一股强大的力量在支撑你，使你在人生的道路上，永不失败。这是我对你的祝福。"

自大的人永远只会考虑自己、谈论自己，他们以自我为中心，会变得非常粗鄙。开悟最快捷的方式是祛除自我感，谦卑地臣服在宇宙大道的脚下，与内在的本性合一。自大是向外膨胀，谦卑是向内觉知。对内的持续觉知，可以帮助人走出幻觉的泥沼地，跋涉在光明的路上。

我问师父，如何才能克服自大，变得谦卑呢？

师父说："你知道吗？一个人自大的毛病或个性上的缺陷，可以通过调整呼吸来克服，并改变。"

"真的吗？"我感到很惊讶。

“你可以观察一下，**当你脾气急躁时，你的呼吸是不是会变得急促、浅显？而当你沮丧时，呼吸是不是会变得沉重、吃力？如果你能有意识地调整呼吸的深度、长度，以及韵律节奏，完全可以改变自己的情绪和生理状态，让心性发生深刻的变化。**”

师父的话令我又惊又喜。从那时起，我便开始观察呼吸与身体、心念、情绪之间的关系，几乎一生都在研究这个课题。

自主神经系统负责管理我们的内脏活动，如呼吸、心跳、血压和消化。这些活动通常是自动发生的，不受意识的控制。尽管你不能凭借意识来控制心跳和消化，但呼吸是个例外。我们可以通过调控呼吸，来影响自主神经系统。

调控呼吸是调控自主神经系统的起点，也是改变心性的关键。

心理学家发现，个性特点与呼吸模式之间存在关联。瑜伽行者认为，呼吸与心念之间有着密切关系。某种心念状态会对应某种呼吸模式，而反过来，有意识地采取特定的呼吸模式，也能唤起相对应的心念状态。比如，瑜伽行者认为，如果我们改变呼吸模式，就能改变心性。当我们的心念受到干扰，情绪波动，呼吸变的浅而急、不均匀时，可以通过有意识地调控呼吸，使其变得深沉、缓慢、平稳、安静，从而减轻压力，放松身心。坚持下去，心性就会发生巨大的改善。

呼吸是人类唯一既自主运作又能受意识调控的生理功能。一呼一吸，看似简单，却能改变一个人的整体状态。瑜伽大师维韦卡南达曾讲述过一个故事，用来说明呼吸的重要性。

很久以前，有一个大臣失去了国王的信任，被关在了一座高塔顶端。大臣要求他的妻子在半夜时，带上一条长绳、三根麻绳、几根细绳、一些丝线，还有一只甲壳虫及一些蜂蜜到高塔下。虽然妻子对他的奇怪要求感到困惑，但还是照办了。大臣让妻子将丝线绑在甲壳虫身上，在它的角上涂了一些蜂蜜，然后将甲壳虫放在直通塔顶的墙上。甲壳虫受到蜂蜜的诱惑，慢慢向上爬，带动身后的丝线，一直爬到塔顶。大臣拿到丝线后，又让妻子将细绳绑在丝线上，他拉动丝线将细绳拉了上来。接着又用细绳拉动麻绳，再用麻绳将长绳拉上了塔顶。最终，大臣利用长绳爬下高塔，获得自由。

这个故事告诉我们，呼吸就是那些细丝线，通过掌握呼吸技巧，我们就能拉动自主神经的细绳，逐步影响并调整自己的生命状态，从而实现心性的改变和升华。

第6章

一边恐惧，一边成长

恐惧是心灵的错觉，

当你认识到自己的真实本质后，它就会消失。

我曾满世界去寻找勇气，

结果却被恐惧追着从一个地方逃到另一个地方。

当我坐下来，

不再寻找，

也不再逃避时，

却惊喜地发现：

我竟然在瑜伽垫上找到了勇气和力量。

打坐冥想可以消除恐惧和焦虑，

让你与现实的每一次相遇都变得平静。

魔鬼

一天晚上，我和一位同门师兄走了50千米山路，在距离凯达尔纳特城3千米处停下来休息。

我非常累，很快就睡着了。由于极度疲劳，睡得不是很安稳。天很冷，没有毯子可以盖，我就用双手护着脖子来保暖。我很少做梦，此前大概只做过三四次梦，而且我所梦到的几乎都在现实中有所投射。那天晚上，我梦见魔鬼用强有力的双手掐住我的喉咙。我感觉自己快要窒息了。

师兄见我呼吸急促，感觉我可能有什么地方不对劲儿，就来到我身边，把我叫醒。

我说："有人掐住了我的喉咙！"

然后，他告诉我，是我自己的手掐住了我的喉咙。

我思忖，我所谓的魔，其实是我自己的一部分。关于魔鬼的传说，都是我们未觉知的心灵强加给我们的。人类的心灵是一个大奇迹——大魔术师。只要它想，可以随时化身为魔，或者化身为神。它可以是仇敌，也可以是朋友。它可以为我们造出地狱，也可以为我们造出天堂。心灵的背后隐藏了多种倾向。要踏上内在之旅，必须先了

通往凯达尔纳特的山径

解心灵的脾气秉性，弄清楚它运行的底层逻辑。

做梦是心灵的一种自然状态，它介于清醒和睡眠之间。当感官停下来，不再接触外在的信息时，大脑就开始回忆潜意识中的记忆。

所有隐藏的欲望都躲在潜意识中，等待被满足、被实现。当感官不再感知外界的事物，并且意识处于休息状态时，潜意识中的记忆就会现身，它们被称为梦。通过梦，我们可以分析自己某方面潜藏的人格特质。这种分析有时候可以帮助我们治愈某些疾病。需要强调的是，借助于静坐冥想，我们可以有意识地回忆起这些记忆，观察它们，分析它们，并且一劳永逸地化解它们。

梦有多种类型。除了我们通常经历的痛苦和愉快的梦之外，还有另外两种梦很有分析价值。一种是预言性的梦，另一种则是纯粹的噩梦。预言性的梦有时具有指引的作用。噩梦是挫折造成的强烈痛苦的痕迹。如果某人非常疲劳，或消化不良，就容易做噩梦。

师兄笑着安慰我，说："人从来不会在大白天碰见鬼，鬼是人在黑暗中的幻影。比如在黑暗中，绳索可能被误认是一条蛇。缺乏光明才是造成这些幻影的主要原因。"

对于心灵来说，未觉知是暗夜，觉知就是光明。

《奥义书》中说：**"当觉知深入到内心深处，我们便能触及那无尽的真实与光明。"**

我见过最厉害的鬼，那就是人

我在喜马拉雅山麓的奈尼塔尔森林居住的时候，偶尔要下到海拔 1 800 米的一个小镇上。那里的人们常常追随我，求我为他们祝福或指点迷津。为了有时间做冥想练习，我就必须躲避络绎不绝的访客。我发现了一个埋葬英国人的公墓，那里很安静，而且维护得非常好。一到晚上，为了御寒，我就穿上一件用毯子做成的白色长袍，去墓地打坐。

有一天晚上，两名在附近巡逻的警察经过公墓，他们拿着手电筒照来照去，以防有人搞破坏。我正在一名英国军官宽敞的墓碑前打坐，整个身体从头到脚都盖着毯子。警察从远处用手电筒朝我的方向照过来，吃惊地看见一个白色的人影。他们吓得跑回警局，告诉其他警察，说自己在墓地看见了鬼魂。这个传闻立即传遍全城，很多人为之惶惶不可终日。

第二天晚上，警察局长带着几名武装警察来到墓地，再次用手电筒照我。由于我进入了入定状态，所以完全没觉察到他们，依然坐在那里一动不动。他们都以为我是鬼，就拔出手枪瞄准我，准备开枪。他们想看一看子弹是否能敌过鬼魂。这时，警察局长开口说道：

“等等，我们应该先示警，也许那不是鬼，而是一个人。”他们靠过来，包围了我打坐的墓地，但是依然无法确认毯子下面究竟是什么，于是就向空中开了一枪。

枪声划破夜空，让我意识到了他们，于是我就出了定。我掀开毯子，问道：“你们为什么来这里打搅我？有事要找我吗？”

警察局长是位英国人，他认识我，随即向我道歉，并命令负责在那个区巡逻的警察每晚为我提供热茶。令人恐慌的闹鬼传言就此落幕。

之后，那位警察局长皮斯先生经常来看我，想跟我学打坐冥想。

有一天，皮斯先生问我：“人类恐惧的本质是什么？”

我说：“在所有的恐惧中，对死亡的恐惧在人心中似乎是根深蒂固的。恐惧死亡，人就会产生自我保护意识，而自我保护意识会导致人们产生很多幻觉。如果一个人总是为恐惧而忧心忡忡，心理就会失去平衡，就会依照自己头脑中的想法把恐惧幻化为光怪陆离的事情。恐惧是人类最大的敌人。”

皮斯先生非常怕鬼，想知道我是否见过。

我说：“我见过最厉害的鬼，那就是人。**一个人只要认为他就是他心里想的东西，这个人就是一具鬼魂。**如果有一天，他醒悟了，觉知到自己的真实本质，他的真我，他就不再是鬼魂，而成为一个无畏、自在的人。”

很快，越来越多人要来见我。后来，我的朋友皮斯先生为了某种原因决定辞职，搬去澳洲。我也离开了那个城镇，去了阿尔莫拉（Almora）山区。

我得出的结论是：恐惧是心灵的错觉，并不真实。心灵可以制造恐惧，也可以消除恐惧。尽管危险是存在的，但恐惧却是可以选择的。如果总是为人生的每一步而担心，生活还有什么乐趣？打坐冥想可以让人回到当下，获得觉知。通过打坐冥想，你会发现恐惧是无知的影子，并能将恐惧转化为力量和智慧。

对蛇的恐惧

每个人都有恐惧的事情，我告诉你我恐惧什么。年少的时候我几乎无所畏惧。我可以游过洪水暴涨的恒河，可以走进森林，也丝毫不惧怕老虎，但我却一直很怕蛇。我与蛇有过多次接触。不过，我对所有人，包括我的师父，都隐瞒了我的恐惧。

1939 年的夏天，一次，我和师父一同下山到瑞诗凯诗城。我们在前往维尔巴德拉（Virbhadra）的路上，选了一个露宿的地点。那个地点后来就是我的静修院所在地。清晨，我们在恒河里沐浴，然后坐在岸边静坐冥想。那时我已经养成了连续坐两三个小时的习惯。在七点半左右，当我睁开眼睛时，看见对面有一条眼镜蛇。它的下半身盘绕在地上，上半身则高高翘起。那条蛇离我大约只有半米，它一动不动地凝视着我。我吓坏了，立刻又闭上眼睛，不知该怎么办。几秒钟后，我再次睁开眼睛，看见蛇依然一动不动，我赶紧跳起来逃走。跑了几米远后，我回头一看，才发现那条眼镜蛇开始爬回灌木丛中。

我回到师父那里，告诉他刚才发生的事情。他笑着对我说，入了深定的人，别的生物靠近他，自然也会进入禅定的状态。

还有一次，在接受了许多训练后，我又经历了一次与蛇有关的可怕经历。我被邀请去南印度，那里被认为是印度文化的发源地。在一个寒冷多雨的夜晚，我到一所寺庙寻求借宿。他们刁难我："如果你是一名出家人的话，头上何必需要屋顶？"

这时，一位女士从寺庙里走出来，说道："跟我来吧，我会给你找一个遮风挡雨的地方。"

那位女士把我带入一个半平米的小茅屋里，让我住在那里，然后她就离开了。

我只有一张可以坐的鹿皮坐垫，一条披肩和一块裹腰布。小屋内没有光，但是从入口透进来的光里我可以看见一点。几分钟后，我看到一条眼镜蛇在我面前爬行，然后另一条眼镜蛇在我身边爬行。很快，我就看清了房间里有好几条眼镜蛇。我这才意识到，我来到了一座蛇庙。当时的情况非常危险，我害怕极了。

那名女士有意试探我究竟是不是一名真的出家人，而实际上当时我还在实习。我非常害怕，但又想："在这样的寒夜，如果逃跑，我能去哪里呢？如果我真的逃跑了，那名女士将来绝不会再为出家人布施了。我决定，我要留在这里。就算我死了，至少不会有悖于出家人应该一切皆舍的信念。"

继而我又想："那位女士看上去并没开悟，但她却能轻易出入这间屋子。那么为什么我不能留在这里而不受伤害呢？"我想起师父的话，对自己说："只要我能坐定不动，这些蛇能把我怎么样？我没有它们想要的东西。"于是，我就坐在那里看了一整夜。我什么都没丢，只丢了禅定。我无法专住任何其他东西，只能专注眼镜蛇。

然而，尽管有这两次经历，但我对蛇的恐惧依然存在。作为一名年轻的出家人，许多人，甚至连政府的高级官员，都来向我鞠躬，接受我的祝福。但我内心却盘踞着一股对蛇的恐惧感。我能为学生讲授《梵经》中的无畏哲学，但恐惧却存在于我的内心。我曾经用尽全力，试着以理性化的方法来消除恐惧。但我越努力，恐惧感就越强烈。它变得如此强大，以至于到了一种病态的地步。任何突然的噪声都会让我想起蛇。打坐冥想前，我总是睁大眼睛，四处张望。无论我走到哪里，我都会查看周围是否有蛇。最后我对自己说："你必须除掉这个恐惧感，就算因此失掉性命也在所不惜。恐惧使你无法成长，你这样怎么能指导那些敬爱你、尊重你、依赖你的人？你自己心怀恐惧却指导别人克服恐惧，你就是一个不折不扣的伪君子。"

我去见师父，说："师父？"

"我知道你想说什么，你害怕蛇。"他说。

"既然您知道了，为什么不告诉我如何摆脱这种恐惧呢？"我问。

"你不来问我，我为什么要主动告诉你呢？你怀有这恐惧感，为什么要瞒着我？"我从来没对师父隐瞒过任何秘密。但不知道出于什么原因，在这件事情上，我从未向他说过。

然后，他带我去了森林，说："从明天黎明开始，我们将保持安静。凌晨三点半，你要起床去收集树叶和野花，用来做一种特别的祭拜。"

第二天清晨，天还没全亮，我在地上看见一大堆树叶，当我在黑暗中捡起那堆东西时，我意识到里面有一条眼镜蛇。它就在我手中，我无法摆脱，也不知如何是好。我害怕得快要崩溃了，双手不停地颤抖，几乎要晕过去了。

师父站在那里，说：“把它拿过来给我。”

我吓得浑身发抖。

“它不会咬你的。”师父说。

虽然我相信我的师父，但无意识的恐惧却排山倒海般涌出。我心里想：“我手里握着的是死亡。”我的恐惧比我的信念更强烈。

“你为什么不喜欢蛇呢？”师父说。

“喜欢？”我哭喊道，“去喜欢我害怕的东西，这怎么可能？”

世间的道理都是一样的，如果你害怕某人，就不可能喜欢他，你会无意识地一直怕他，让恐惧在心底不断滋生。

“你瞧，这是多么美丽的生物啊。它到处爬行，身上还这么干净，这么整洁。换你的话就没办法保持干净，每天都需要洗澡。蛇是世界上最干净的生物。”师父说。

“它很干净没错，但也很危险。”我说。

“人比蛇脏，比蛇毒。人会杀人、伤人。人每天都在散发怒气，以及其他不好的情绪，对着身边的家人喷毒。蛇从来不会这样做。蛇只在自卫时才会咬人。”

他接着说：**“当你熟睡时，你的手指会去戳自己的眼睛吗？你的牙齿会去咬自己的舌头吗？你生来就明白，四肢都属于同一个身体。如果有一天，我们能明白所有的生物都是一体的，我们就不会惧怕任何生物了。”**

他在说话的时候，我一直把蛇捧在手中，渐渐地，我的恐惧感消失了。我开始想：“如果我不杀蛇，蛇为什么要杀我？蛇不会无缘无故咬人，它没有理由咬我，我又不是什么特别的人。”我的思维逐渐开始正常运转，心里慢慢恢复平静。从那次经历以后，我就不再怕蛇了。

动物天生就非常敏感，很容易感受到爱与恨的波动。如果一个人没有加害动物的意图，动物就会变得温和、友善。即使是野生动物也喜欢和人类交往。我在喜马拉雅山的山谷中，观察动物很多年，发现它们都有这种倾向。动物们晚上来到村庄附近，清晨返回森林。它们似乎很喜欢亲近人类，但又害怕人类的暴力本性。人类自私、嫉妒、贪执、憎恨的习性，蒙蔽了其纯真本性，因而动物才惧怕人，会出于自卫而攻击人。如果人学会善待动物，动物就不会攻击人。

恐惧会产生不安全感；没有安全感，人的心理就不平衡；而不平衡的心理，总是会左右一个人的行为。恐惧症会牵制人的一生，结局往往是被送进精神病院。如果我们深入觉察恐惧的成因，通常会发现恐惧其实是想象出来的，不过，这种想象却能制造出一定程度的真实感。如果我们能将自己暴露在恐惧的环境中，就像师父把我暴露在蛇的面前一样，这些亲身感受就能击穿想象，回归真实，从而克服恐惧。

很多年来，我在印度喜马拉雅山区和森林徜徉，从来没听说过有任何出家人、瑜伽士遭到野生动物的袭击。这些人并没有刻意去躲避野兽，以求安全，因为他们拥有一种内在的力量，可以无所畏惧。事实上，只有无所畏惧的人，才能跨越个人意识，与宇宙意识合而为一。

一不小心钻进虎穴

有一次，我独自一人从塔莱巴瓦尔（Tarai Bhavar）前往尼泊尔的山区。这是一条通往尼泊尔首都加德满都的路。

我每天步行 30 ～ 50 千米。日落后，我会生一堆火，冥想，然后休息。第二天早上 4 点继续上路，一直走到 10 点。然后，我会找靠近水边的一棵树，坐着，度过中午。下午三点半再上路，直到晚上 7 点。我是赤脚行走，背着一床毯子、一张虎皮、一个水壶。

一天晚上 6 点左右，我感觉累了，想小睡一会儿，就在距离道路 3 千米远的地方，找到一个洞穴，钻了进去。由于洞内有点潮湿，我把毯子摊开，铺在小山洞的地面上。

我刚躺下，闭上眼睛，就有三只小虎崽突然跑过来，缠住了我，它们发出温柔的叫声，用爪子挠我的身体。它们饿了，以为我是它们的妈妈。它们大概只有半个月大。我躺在那里，抚摸着它们。

过了几分钟，当我坐起来时，看见它们的母亲就站在洞口。我第一个念头是担心它会冲进来攻击我，但随后内心传来一种强烈的感觉：“我无意伤害这些幼虎，如果母虎离开洞口，我就出去。”我捡起毯子和水壶，母虎从洞口退开，我安然离去。当我离开洞口约

斯瓦米 · 拉玛前往尼泊尔的旅程

13 米远时，母虎才静静地走入洞内和它的幼虎重聚。

这种动物与人类之间通过匆匆一瞥建立起来的联结，可以帮我们克服恐惧心理。动物很容易嗅出暴力和恐惧的味道，然后以凶猛的防卫回应。不过，当动物感受到人类的友善时，它们会极力保护和帮助人类。一个人可能在危险关头抛弃另一个人，但动物很少这样做。

当然，所有生物的自我保护意识都非常强烈，但比起人类来，动物更真实、更不会虚情假意。

第7章

出世之路

出世是一条火路，

只有那些燃烧了世间欲望的人，

才可以走。

在这条路上，

有两点是非常重要的：

一是了解自己，

二是不执着。

逃婚者

我有一位同门师兄，来自孟加拉国的梅迪尼普（Medanipur），他的父亲是一位知名的梵文学者。他 18 岁时，家人强迫他结婚，那时我还不认识他。婚礼在晚上举行，这正是他希望的。在婚礼中，新娘和新郎要参加火供仪式，并绕着火坛走七步。在第四步时，他突然跳出仪式，跑进了田野。婚礼上的人不理解他的行为，就开始追他，但在夜色中没能追上。

他走了几天，来到恒河边，就开始沿着河岸而行，要寻找一位精神导师。

六年间，他经历了很多，却没有找到导师。后来他在喜马拉雅山区的斯利那加（Srinagar）遇见我的师父。俩人一见面，师父马上拥抱他，彼此认识了。这位师兄跟着师父三个月后，师父命他去根戈德里，他就和我一起住在同一个山洞里。

有一天，他跟我谈及他的家乡梅迪尼普，并告诉我，如果我有机会经过那里，请我一定要告诉他的家人，他已经在喜马拉雅山出家了。

后来，我拜访了他的老家，在田野间看见一位妇人，就是原本要和他成亲的那位。她还在等他回来。我劝她改嫁，毕竟他们的婚礼仪式还没有完成。听完我的话后，她沉默不语，默默流泪，心中无比悲苦。

出世对于家人来说，无疑是冷漠、绝情的。他们承受着巨大的分离痛苦。每个出家的人背后都有一个令人动容的故事。有的人在深夜最后一次抚摸新生的婴儿，看了一眼熟睡的妻子，毅然决然离开。有的人面对泪流满面的妻子，冷冷地说道，“一念出家，万缘放下”，便留下一个渐行渐远的背影。

很多人感到困惑，既然出家人以慈悲为怀，为什么不考虑家人的感受呢？为什么父母的爱、妻子的爱、儿女的爱，都不能将他挽留？这是因为他感受到了世间的空虚和无常，受到一种深刻的精神召唤，想要超越自己的情感，去追求宇宙人生的真谛。

家庭是他们最初的道场，他们在那里学到了很多。现在他们出家，是为了让生命达到更高的维度，就像站在喜马拉雅山上，仰望日月星辰，追求心灵的宁静与智慧，完成更大的慈悲。

杀人犯

喜马拉雅山有四大名寺：根戈德里、贾姆诺特里（Jamnotri）、凯达尔纳特和巴德瑞那特。每年的六月到九月之间，平原乡村和城里的人们都会来这里住上一两个月。这是印度的一个古老传统，沿袭至今。山路上，你会遇到形形色色的人。

有一次，我随两位朋友一起去这些寺庙，遇见一位50多岁的苦行僧。他来自北方邦的班达（Banda）地区。他非常谦和，沉默又安详。我们便结伴而行。白天，我们尽量避开常规路线，改抄近道。晚上，我们住在岩洞里，生火烤土豆吃，这是我们唯一的食物。这位苦行僧一无所有，我们就与他一起分享食物。

在交谈中，苦行僧讲述了他的故事。

他的父亲是当地一名地主，在他18岁那年，出于嫉妒，村里有人谋杀了他的父亲。嫉妒是一种恶魔，生于自我意识的子宫中，并由自私和执念将其养大。父亲被谋杀时，他正在外地读书。得知噩耗后，他立刻赶回家乡。为了替父亲报仇，他一举谋杀了五个人，然后逃到喜马拉雅山中。

在喜马拉雅山中，他到处拜访苦行僧，希望能将心中的负罪感借此解脱。他开始苦修，不断向遇见的苦行僧们忏悔自己的罪行。他刻苦修行，尽力洗掉良心上的污垢。他在山中一住就是 36 年，多次萌生向警方自首的念头。36 年来，他变得家喻户晓，大家称他为“那伽巴巴”。他什么都没有，甚至连缠腰带都没有。很多时候，他在与人交谈时，会公开说自己是一个罪犯，并讲述自己是如何改变内心的。他会说：“我知道我是一个杀人犯，但现在我完全变了。”

我在书中读过历史上很多罪人洗心革面的故事，但亲耳听见的这个故事却更为震撼。

我们继续与他交谈，最后得出的结论是，他应该向警方自首，接受法院裁决。于是，第二天早上，他没有跟我们一起去寺庙，而

前往凯达尔纳特，途经的圣城德夫普拉亚格（Devprayag）

是踏上了返回家乡的路。

他到了警察局，把事情的前因后果原原本本全盘托出。警察拘留了他，把他送上了法庭。法官问警察：“指控的文件在哪里？以什么罪名指控他？”警察讲述了他36年前所犯的罪行，却提供不了任何档案和记录证明这些事实。经过审问，了解了他这些年来的所作所为，以及内心的转变。法官当庭宣判他无罪释放。苦行僧又回到喜马拉雅山中。

在喜马拉雅山中，每位僧人的出家之路都不一样，但最后都能洗涤内心的尘埃，重塑更纯净的自我。

三台唱机同时播放

师父给了我一切，而我却无法给他任何东西。他的信徒供养他的钱太多了，以至于他不知道该如何使用，最后就由我代他将这些钱分送给别人，或任我花用。

有一次我告诉他：“我想去孟买。”

“带一点钱去，想拿多少就拿多少。”他说。

我花了 5000 卢比，买了很多东西，光唱机就买了三台。

“太棒了，我的孩子，三台唱机一起放好了。”他说。

我听从师父的话，真的将三台唱机同时播放，结果声音嘈杂，什么也听不清楚。

我明白了，一台唱机是必要的，三台唱机是多余的，**当你所拥有的超过了必要的，就是在为自己制造障碍。**

师父轻描淡写的一句话意味深长，是在教我如何对待心中的欲望。

人的欲望是由两部分组成的：占有欲与进取心。占有欲向外索取，它源于内心的不安全感和空虚。占有欲看似占有了外在的东西，其实是将自己与那个东西分离。当我想占有唱机时，“我”与“唱机”

之间是分离的，于是便产生了这样的错觉——如果得不到它，我就有缺失感，会感到失望、沮丧、焦虑；而得到了它，我又想要更多，永不满足。

在欲望之中，除了占有欲之外，还有进取心。与执着于占有外在物质不同，进取心着眼于自身的进步和完善。一个拥有进取心的人，会把一切外在物质当成是自己修行的工具。这样一来，万物就不再成为他的障碍。就像我的师父，他拥有那么多钱财，却心无挂碍。而我只有 5 000 卢比，就晕了头。只求满足欲望而不先弄明白什么是必要的，什么是多余的，什么是占有欲，什么是进取心，会让人偏离觉悟的正道。正如甘地所说："世界上有足够的资源满足每个人的需要，但不足以填满每个人占有的欲望。"

师父教导我时，从不直接纠正我，而是让我自己意识到，人是有缺陷和弱点的，但却可以改变。我常常思考自己的缺陷和弱点，然后通过冥想完成自我转化。师父从来没说过："你要做这个，不要做那个。"但他会把路指给我看，让我独自迈开脚步。

"学会独自行走"，是我一生的功课。

不放纵，怎懂自律

我年轻的时候，有个令人作呕的习惯：喜欢穿昂贵的西服。我会去市场上挑选上好的布料，然后找裁缝私人定制。穿西服时，我会系上领带，还要佩带颜色互补的手帕。这让师父的几位追随者感到困惑，常在背后议论我，但师父并不为此担心。我就这样生活了五年。现在想来，师父并没有放纵我，而是很有耐心，在潜移默化中让我学到一课，而这一课至关重要，将影响我未来的成长。

每当我站在师父面前，炫耀自己的西服时，他总会说："你的品位很差。"

"师父，这可是最好的布料，最高级的裁缝制作的。"我反驳道。

有一天，我对打扮失去了兴趣。我去见他时，只穿了一件简单的无袖衬衫和宽松的裤子。他说："你看起来很帅气。"他要让我先品尝世间的事物，了解它们的价值，经过分析、比较，然后再主动放弃它们。

思想的提升与简单的生活，对于培养审美观很有帮助。不过，要培养审美观，把优雅和美融入自己的生活，需要经过很长的时间。昂贵的服装不能掩盖我们思想的苍白，时髦的衣服也无法让心灵变得美丽。与其把精力集中在外界事物上，不如培养我们的内在美，并将其表达出来。这种内在美，会焕发出人人可见到的光耀。

出世是一条火路，只有那些燃烧了世间欲望的人，才可以走。许多人在世间遭受了打击，感到沮丧、痛苦和绝望，一时冲动之下产生了出世的念头。这种人无论身居何处，即使他们找到了舒适的外在环境,但内心那个不稳定的世界依然如影随形。没有心灵的自律，就无法放弃贪婪、欲望、爱执、失望、愤怒、嫉妒等情绪。一个沮丧和不满的灵魂，是无法走出世之路的。否则人坐在山洞中，心却想着世俗的享乐，这的确是一件很痛苦的事情。

我的师父希望我度过一个正常的童年，而不是一个沮丧的童年。在那些年里，我常常购买最高级的汽车，并且每年要换两次车。我曾经过的日子比印度有些王子还要好。我的亲戚朋友，甚至警察局，都想知道我从哪里弄来这么多钱，过着如此豪奢的生活。秘密就是，我的师父对我有求必应，而他自己什么也不留，也不花钱。

当我终于意识到这些世俗事物的价值后，方才沉静下来，而心灵也变得宁静了。这对冥想很有帮助。潜伏的欲望是非常危险的，因为它经常在你静坐时冒出来，而不是在日常活动中察觉。对世间利益的欲望，会阻碍实现开悟的欲望。

有一次，师父对我说："我们现在去恒河岸边，还有一堂课要教你。"

"那是什么课？"我问。

"你为什么住在喜马拉雅山？"他问。

"修行。"我说。

“你为什么要修行？”他继续问。

“为了开悟，变得圆满。”我说。

“那你为什么渴望世间的东西——为什么你需要这个世界？作为一个出家人，住在山洞里却仍然放不下世间，这意味着你还有潜伏的欲望没满足。这是一个除了自律之外，任何其他方法都无法治愈的令人头疼的问题。”

有自律才能自我训练。能自我训练的人，才会有直接的体验。通过直接体验，你可以扩展自己的意识，转化生命的形态。

诚然，世俗的生活具有强大的魅力、诱惑力和吸引力，但是渴望开悟、渴望超越的力量势不可当。在欲望燃烧的灰烬中，开悟的种子在发芽、生长。

考 验

师父从来没有坚持要我放弃尘世，成为出家人。他希望我亲自去体验，然后再自己做出决定。他总是对我说：“无论你想从我这里学习什么，尽管学——但是你要独立成长。每当你需要帮助的时候，我都在这里。”

如果我问他一个问题，他会说：“你累吗？难道你就不能自己找出答案吗？你为什么一次又一次地拿问题来问我？我会教你解决问题的方法，但不会简单地给你答案。”

他想尽办法用世俗的东西来诱惑我。他说：“到红尘世界去，当个大官。如果你老是黏着我，只想跟我在一起，那就不好了。我要你在世上安身立命，就会给你财富。”

我告诉他：“这不是我想要的。”

“你确定吗？”他问。

然后，他做的一件事情你绝对不敢相信。他带我进山，说：“你喜欢宝石，对吗？”这的确是真的，我非常喜欢美丽的东西，当然也包括宝石。

他知道我这个潜伏的欲望，所以他说：“看这个。”

我惊讶地看到面前居然有一大堆珠宝。我觉得难以置信，不断地揉眼睛，想看清楚这到底是幻觉，还是真的。

他说："这不是幻觉。上前把它们捡起来吧。我向你保证它们是真的，不是假货。拿去吧，这些都是你的，你将成为印度最有钱的人。现在，孩子，我走了，我要去遥远的山中。"

我的眼泪开始流了下来，我说："您要抛弃我吗？您的意思是让我在珠宝和您之间做选择吗？我不要这些。我要和您在一起。"

然后他说："如果你想和我在一起，就看那边。看见那熊熊的火焰了吗？"我惊讶地看到巨大的火墙。他继续说道："如果你能穿过火墙，你就能跟着我。你一定要做决定——衡量你对尘世有多大的渴望，对光明又有多大的渴望。"

我说："比起诱惑，我更喜欢火焰，我想燃烧欲望，获得新生，没有别的办法。"就这样，我选择了出世之路。

出世之路就像是游走在刀刃之上，难度太大，每走一步都有跌倒的可能。占有欲是一个人遇到的所有障碍中最强烈的。占有欲执着于结果，当我们一心想着结果的时候，就会脱离当下，无法将全部精力投入到正在做的事情上。冥想可以将占有欲淬炼为进取心。进取心不执着于外在结果，而是致力于内在的深入、人格的完善，以及心灵维度的提升。**无畏地呼吸，坚强地存在，这就是冥想的精髓。**只有那些坚持冥想，不遗余力探索内心深处的人，才能获得开悟。

出世是一条少有人走的路，并不适合每一个人。但真心喜欢出世生活的人，是有福之人。而生活在俗世，如果能减少分别心，不在乎结果；努力追求，却不据为己有，这其实也是一种修行，不仅能完善自己，也能给他人带来福祉。这样的人是非常了不起的。

出家第一天

正式出家的第一天，师父对我说："你是否知道，身为出家人你是要出门去乞食的？"

"啊？"我说。

他说："你内心的'自我'说，你是个独立存在的人，不靠别人就能生活，你得净化这个'自我'。如果你不变得谦卑，就做不到。我要派你去穷人家乞讨，你才会知道你是谁。"

"好吧。"我说。

接下来发生的事情，让我终身难忘。我很健康，也很富有，穿着丝绸服装。你能相信吗？一个乞丐，竟然身穿丝袍？我曾经走起路来大摇大摆，无忧无虑。根据瑜伽的说法，站立行走，应当挺直腰板——但这样容易给人趾高气扬的感觉。那天早上，我就穿着这样的衣服，迈着这样的步子外出乞食。我遇见一位妇人，她正在挤牛奶。她一边哼着歌，一边挤奶，两膝间夹着一个陶罐。

"施主。"我说。

她被我的声音吓了一跳，罐子掉下来摔碎了。

"天啊，这下完了。"我心里想。

她非常气愤，开始大喊大叫：“你身强力壮，不缺胳膊、不少腿，还来乞讨！你是国家的负担，是你自己的累赘！是谁这么教你的？你有钱穿丝绸，还来讨饭！”

我感觉自己非常渺小。我哀求她：“请不要骂我。”

她说：“这个陶罐是我婆婆给我的一件古董！你这个寄生虫！给我滚！不要让我再看见你！”她对那个罐子非常在意，一直骂个不停。

我灰溜溜地回到师父身边。他过去有个习惯，每天见到我都会问：“你吃饭了吗？”那天我以为他还会像往常一样问我，但是他没问。我整天都没吭声，他也保持沉默。当然他一向都很安静。熬到晚上，我抱怨道：“今天您还没有问我是否吃过饭。”

“我没问，因为你现在是一位出家人了。”他说。

“您这是什么意思？”我问。

“出家人要做自己的主人，也要做自己欲望的主人。”他回答道。

“做出家人，意味着您以后不再管我了？”我问。

“现在你是出家人，我也是出家人，你和我有什么不同？是你自己要当出家人的，现在就该靠自己，为什么要把我当拐杖呢？”

我非常伤心，决定自立。我赌咒发誓：“我保证，从今天开始，无论发生什么事情，我都不再去乞讨。如果苍天要我活，我就活下来。我宁肯一直静坐冥想，也绝不去讨饭吃。”

“如果你想遵守誓言，那是你的选择。我无话可说。你是一位出家人，做得了自己的主。”他说。

带着这个誓言，我坐在了恒河岸边。大家来看我，都以为别人会管我饭吃。许多人带着鲜花向我鞠躬，却没有人带水果或是吃的

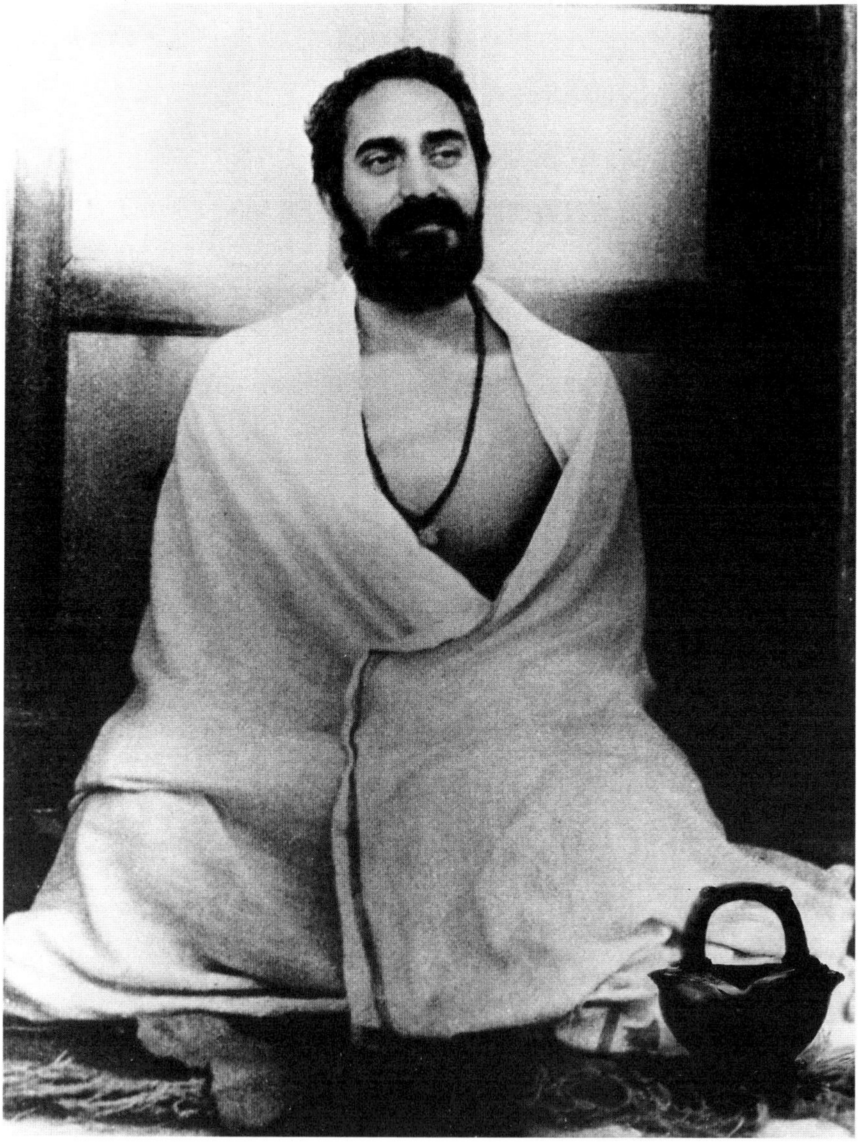

受出家戒的斯瓦米·拉玛

东西来。13 天来，没人问我是否吃过饭。我变得非常虚弱，几乎走不动路。我问自己："我为什么要出家，做这种蠢事？"

13 天后，我开始哭泣，向苍天倾诉："我发誓要走这条路，但现在连一块面包都没有。"突然，我看见一只手从河边伸过来。就只有一只手，捧着一个钵，里面装满食物，朝着我过来，此时我听见一个女人的声音在说："这是给你的。"我接下钵，开始吃。

对其他人而言，乞食的钵是一种羞辱，但对出家人来说，钵不仅用来维持生命，还能用它学会谦卑。我领悟到，放下一切，谦卑地将自己的生计全部托付于苍天恩赐之人，自然会有适当的粮食可吃、房屋可住。如果不愿乞讨，说明你还不够谦卑。而谦卑之人是永远不会受困的。我此生到咽下最后一口气为止，都将坚信不移。

虚名的烦恼

21 岁那年，我住在恒河岸边一间小茅草屋内，那里距瑞诗凯诗城 8 千米。由于我独居，很多人认为我是大圣人。在印度，如果你离群索居，身穿滑稽的服装，身边再摆一些经书，对所有访客爱答不理，那么人们就会断定你是一位得道高僧。

从早到晚，来见我的人络绎不绝，我根本没有打坐冥想的时间。他们整天不停地向我鞠躬，然后献上鲜花、水果和金钱。最初我还觉得开心，但慢慢地我开始反感。“这算什么事情嘛？纯粹是在浪费时间。”我开始对访客生气。

这些人的反应是：“出家人怎么可能真生气呢？他只是假装生气，来躲避我们。”结果来的人数更多了，这真的让我很恼火。我完全失去了冷静和平衡。我开始骂访客。谁知他们反而说：“先生，您的辱骂对我们来说就像鲜花一般，是在为我们祝福。”我没有办法，不得不逃离那个地方。我反思：“我还是没有降伏自己的怒气。”

不少出家人都有过类似的经历。他们经常受到访客的打扰，无法集中精力打坐冥想。身为出家人，必须要学会如何不引起别人的注意，如何过上不被打搅的生活。出家人的生活总是烦扰不断。人们相信他们高于普通人。在印度人的观念中，“出家人”的意思是全能的人，可以传道，可以解决心理问题，可以治疗身体疾病，还可以承担更多的角色。出家人被大家赋予了这么多的期望，换成普通人早就疯掉了。人们没意识到，有些出家人还是这条道上的初学者，有些只走了很小一段路，只有极少数人才达到了目标。如果不加区分，一味对出家人期望过高，对彼此都会造成困扰。

要从这种困扰中解脱出来并不容易。每当我如实告诉人们“我还在练习，没有什么可以分享的，请不要打搅我”，他们总是会用自己的想法来解读这些话，然后就有更多的人前来。即使我住在森林深处，依然会受到打扰。有时我对出家人这个身份感到厌烦。

一个人没有必要穿上出家人的衣服来获得开悟。真正重要的是，不断练习自己的身、语、意。做个出家人也许不错，但要真正成为一个修行者，却不是一件容易的事情。

我的整个存在，就是一只眼

有两年时间，我定期去拜访一位住在斯利那加附近的瑜伽大师。我会伺候他，但他从不跟我说话，也很少睁开眼睛。他的名字叫哈利俺。整整两年，他都没有正眼看过我一眼。

有一天，我对师父说："我受够了那位。每次去他那里，就像拜访一根木头或一块岩石，还要服侍它。"

"别这么说，虽然你可能没意识到，但他真的是在看着你。"师父说。

"他怎么能看到我？他的眼睛是闭着的，没有睁开。"我说。

那天，我去见他的时候，哈利俺居然哈哈地笑出声来："我是一根木头，还是一块岩石？你难道不知道我在大喜乐中，高兴得连眼睛都睁不开了吗？我已经与那美丽和荣耀的源泉合一，为什么还要睁开眼睛呢？大多数人所追求的那种感官刺激所带来的快乐，已经无法满足我了，所以我无须睁开眼睛。不过，我闭上了感官之眼，却打开了内在的心灵之眼。我们的感官能力是有限的，只能感知到有限事物中有限的美，而只有张开心灵之眼，才能看见那永恒的美。"

他这番美丽的话语，深深地触动了我。此后我去见他时，他会微微睁开双眼。他眼睛稍微睁开时，就像是美酒从杯中溢出来似的，你可以感受到他内在流出来的喜悦。

他喃喃念出梵文的颂辞："于凡人为黑夜，在智者为白昼。"

他解释说：

"最好的时间，是夜晚。但是很少有人懂得如何利用它静谧的价值。**夜晚有三种人是醒着的：瑜伽士、纵欲者、病人。**瑜伽士在冥想中享受幸福。纵欲者在感官刺激中享受快乐。而病人由于苦痛而辗转难眠。这三种人都没有睡觉，但唯有冥想者受益匪浅。纵欲者享受的是短暂的快乐，他想延续那种感觉，就会不断地去重复那经验，唉，这种方式是绝对无法把快乐扩展开来的。但在冥想禅定中，真正的快乐则会延续扩张成为永恒的宁静。

"把眼睛闭上，思维暂时停止，这是睡觉。闭上眼睛而有意识，这是禅定的一个部分。瑜伽士闭上眼睛，收敛感官的感觉，便跳出了苦乐对立的世界。对他而言，闭上对外之眼，就睁开了内心之眼。一般人通过一对小小的肉眼看世间，但你可知道——我的整个存在，就是一只眼！"

醒悟，就是一刹那

师父经常告诉我：“整个世界都是一个修行的道场。你不应该只靠我来教你，你要从一切事物中学习。”有一次他吩咐我说：“现在，孩子，去大吉岭吧。城外有一条小溪，溪畔有一座火葬场。你到那里去吧。我教你一套特别的修炼法，在这41天当中，无论发生什么事，你都要坚持练下去。无论你的头脑如何试图阻止你完成修炼，你都不要离开。”

“好的。”我说。

许多人都害怕待在这种地方，他们会幻想出一些光怪陆离的事情来。但我却无妨。我去了那里，住在一个小茅屋里，我在那里生火做饭。那时我还在大学读书，正值暑假。我想：“在冥想中度过假期，非常好。”

我遵照师父教我的修炼方法练习了39天，没有什么特别的感觉。于是脑海里涌出了一个强烈的念头：“你真是一个傻瓜。你与世隔绝，在这荒凉的地方穷耗，白白浪费了大好的青春时光。”

师父曾告诉我：“记住，到了第41天，你一定会发现自己内心有一些进步的迹象。在此之前不要放弃，不要动摇，不要受自我暗示的影响，不要受引诱。”

我曾答应师父：“我保证坚持到底。”但到了第 39 天，我开始动摇了：“过了 39 天，什么感觉也没有，再多两天能有什么不一样？你答应朋友们会给他们写信，但你却一封信也没写。而且你现在还活在死人中间！这是什么教法？师父凭什么要求你这样？他不是一位好老师。”

我决定离开。我倒了一桶水把火浇熄，又把小茅屋给拆了。

夜晚很冷，我裹着羊毛披肩，向城里走去。我沿着大街走，突然听见一些乐器的演奏声。有一个女人正载歌载舞。歌词是：“人生油灯将尽，而夜色无痕。”她一遍又一遍地重复这句歌词。我驻足倾听。伴奏的手鼓声“咚，咚，咚！”不断在耳边响起，似乎在说：“呸！呸！看你干了什么好事？”

我十分沮丧，心想：“我为什么不能坚持最后两天？如果去见师父，他会说，‘你还没有完成修炼。你在植物尚未成熟之前就期待着结果。’”于是我转身回去，继续修炼。到了第 41 天，真的如师父所言，我有了很大的进步。

我再度回到城里，直奔那位女歌手的家。她是一位美丽又有名的舞女。她被视为妓女。当她看见一位年轻的出家人朝她家走来时，她喊道：“站住！别过来！你来错地方了！这不是你该来的地方。”

我继续走近。

她关上门，吩咐仆人阻挡我进入。魁梧的仆人留着大胡子，呵斥道：“站住，小师父！你来错地方了！”

“不。我想见她。她就像是我的母亲。她帮了我，我很感激她。

如果她没有用歌声提醒我，我就不会完成修炼。我会失败，我会谴责自己，并在我的余生中感到内疚。”

当她听到我说的这些话时，她把门打开了。

“真的，你对我来说就像母亲一样。”我说。

我告诉她发生了什么事情，我们又聊一会儿。她听说过我的师父。

当我起身要走时，她说：“我保证从现在起我会像你母亲一样生活。我会证明我不仅能成为你的母亲，也可以成为其他许多人的母亲。现在我受到了启发。”

第二天，她就前往印度的学府圣地瓦拉纳西（Varanasi）。她住在恒河的一条船上。晚上她会上岸，站在沙滩上诵唱，成千上万的人会跟着她一起唱。

她在她的船上写着：“别误以为我是圣人。我曾是个娼妓，请勿向我顶礼。”此后，她从不直视任何人的脸，也从不跟任何人说话。如果有人想跟她说话，她会说：“跟我一起坐着，咏唱罗摩的名字。”如果你问：“你好吗？”她就会吟诵“罗摩”。如果你问：“你需要什么吗？我可以给你买点东西吗？”她会回答“罗摩”，仅此而已。

有一天，她在五六千人面前宣布：“我明天一早就要离去，请把我的身体投入水中，供鱼儿使用。”然后她保持静默。第二天，她就舍弃肉身而去。

人一旦醒悟，就不再留恋过去的种种，而人格也会得到彻底转化。世上有些圣者在开悟前曾经是大恶人，比如圣保罗在前往大马士革的路上，忽然觉悟，人格为之转化。同样的情形也发生在印度史诗《罗摩衍那》作者的身上。

不要谴责你自己，不论你以前曾经多么微小，多么糟糕，你都有机会从所有的束缚和苦难中解脱出来,完成人格的转化。很多时候，醒悟就是一刹那。

一堆鹅卵石

如果你是一个修行者，修炼时不断被人打扰，你将无法完成你的修炼。然而，在印度有一种习俗，如果你是出家人，就必须回答所有访客的问题。许多人认为出家人可以治疗生活中的所有疾病。有时一些人会从这种信念中受益，并得到治愈。但大多数时候，其结果往往被夸大了，甚至把初学者当成了大师。于是使得这位可怜的初学者无法继续修炼，浪费了宝贵的时间和生命，仍在原地，最终无法开悟。摆脱这种现象，最好的办法之一是假扮别人，继续自己的修行。有很多怪异的人其实是瑜伽大师，但是他们却故意装疯卖傻，才不会被人打扰。

我知道其中有一位，人们不停地带食物和金钱去供养他。他不想被打搅，但又不好直说，于是就做了一块牌子，立在外面，上面写着："爱我的人就带一颗鹅卵石。"人们得出结论，这位出家人喜欢鹅卵石。从此，每天都有很多人带来给他，一颗、两颗、三颗，人们随心所欲从路上收集鹅卵石来供养他。

过了一段时间，那里出现了一个名副其实的鹅卵石小山，大师就住在上面。人们开始称他为"鹅卵石巴巴"，这样才使他躲开了人群。

当鹅卵石小山不能阻挡人群之后，这位大师又开始讲一种没人能理解的语言。如果有人来见他，他就说："嘟，嘟，嘟，嘟，嘟。"甚至对我也来这一套！晚上趁没人在场时，我再度去见他，他解释说："自从人们打扰我之后，我就发明一种新语言，没有人可以和我交谈。"

这位大师教导我要始终保持这样的态度，不要让世人来打扰。他解释说，一个人有多重性格，因为我们的"自我"有很多面孔。其中一些可以觉察分析出来，但还有很多仍然是未知的。这位大师做了一个结论：**世人声称是在崇拜我，其实他们崇拜的是自己。**

三次诱惑

我去拜见一位圣者，他给我讲了下面这个故事，教我如何识别开悟之路上的各种诱惑。

有一名年轻的出家人。他的师父告诉他要避免接触三件事物：黄金、女人、声名。

有一天，过河的时候，他发现在一段被冲毁的河堤内，露出了几个大罐子，里面装满了金币。他想："我不需要这些，我已经放弃了世间一切。但是如果我用它们来建一座寺庙，那就太好了。"

他找来几个工匠，向他们展示了自己所发现的东西，请他们帮他盖一座庙。

工匠们窃窃私语："出家人怎么会有这么多钱？不如我们把他扔进河里，大家把金子分了。"

若不是上天有好生之德，出家人就被淹死了，他捡回一条命来，随即发誓："无论如何，自己再也不碰钱了。"

他走进了森林深处，当有人来见他时，他说："请止步。要是你身上带着钱，请先把它放在一旁再过来。"

一个女人走过来。他命令道:“不要靠近我。”

“先生，我只是留些吃的在这里，马上就离开。”她说。

但是每天她都更靠近他一点。

出家人相信她是个好人，他想:“她很想照顾我，想让我启发她。”

一天，她带了一只猫来陪伴他。可是她为出家人准备的食物，那只猫不吃。

“我每天都需要给猫喂一些牛奶。”他要求说。

第二天，她牵来了一头奶牛。

“谁来照顾这头牛？”他问。

“我可以来照顾它吗？”她问。

他同意了。

她对出家人的照顾越来越多，终于他们开始同居，女人还为他生了一个孩子。

有一天，这个出家人正在照顾孩子，另一位出家人走过来说:“你出了什么事，怎么落到这个地步？”

他这才意识到自己再次与世界纠缠不清，他开始哭泣。

他离开了，往森林更深处走去。

他非常虔诚地修炼，几年后有了成就。

有一天，附近村庄有个男人来找他，男人鞠躬说道:“大师，您如此慈悲。我很穷，我的孩子们没有足够的食物。请帮帮我吧！”

出家人说:“从我的下巴拔一根胡子，放进你家的柜子里，明天柜子里就会装满钱。但不要将此事告诉任何人。”

男人回家后，自然向妻子透露了这个秘密。而妻子又告诉了其他人，很快一传十十传百。数以百计的人蜂拥而至，都来拔出家人的胡子。他的下巴痛得直流血。

他不得不再次离开，重新修行。

那位圣者讲完故事后，对我说："你不要忘记这个教训。把这个故事当成是你的教训，让更多的人知道它。"

我是否该结婚

我在印度北部停留的时候，晚上人们会来拜访我，听我讲《奥义书》。一天，有位姑娘想要单独见我，她拥有英国文学硕士学位。一见面，她就一口认定我们前世是夫妻。她聊了两个小时，让我也进入了某种状态，有点相信她说的可能是真的。我从来没有跟人进行过这么长时间的私人会面。她试图说服我，我们这一生也应该结婚。后来，我跟她妈妈聊过，她妈妈也支持她。那个女孩的话太诱人了，以至于我动了心。开始思考我与她生活在一起会是什么样子。我告诉她，如果师父准许我结婚，我就没问题。这是我一生中唯一一次考虑与某人结婚，生活在一起。这个女孩出身望族，她的许多兄弟、表兄弟，以及其他亲戚，很多都在政府出任高官。他们都催促我迎娶她。

一年下来，我深受自己情绪的影响。那真是一段糟糕的日子。我有种挫折感，非常沮丧。这位姑娘和她的家人对我影响很大，我不知该怎么办。这个经历让我意识到，在修行路上已经打定主意出家的人，一样会分心、会受干扰。但我相信师父能给我引导。

最后我去见师父，让他做决定。他从不控制我的人生，但会在

斯瓦米·拉玛在恒河岸边苦修

我需要时给我建议。每次在经过一些讨论和反驳之后，我都会接受他的建议。师父说：“你尚有未放下的事情。你是比较了世俗情爱与心灵成就之后，才决定走上这条路的，但现在你又让自己被诱惑到了世俗那一边。如果你心意不改，仍受目前情形的影响，那你想再重回修行这条路，可就非常难了。”他还是让我自己做决定。

听了师父的话后，我决定断掉这段姻缘，回到出家的路上。

有两条众所周知的路：一条出世，一条入世。我走的是出世之路。这两者不能比较孰优孰劣。我不会谴责走入世之路的人。这条路能满足生活的各种需要，但也耗费时间。出世之路则有比较充裕的时间修行，但食物、住所和衣服等物质却很有限。出家人要靠居士来满足必须的物质需求。走哪条路并不重要，重要的是在任何一条路上都要诚实、真实和忠诚。

在印度，人们认为出家人应该与世隔绝，既不应该拥有世俗财产，也不应该心怀尘念。所以，这件事为我的出世人生带来某些耻辱。我听西方心理学家说过，出家，尤其是禁欲人生，根本是疯狂的苦行，容易造成禁欲性的精神错乱。对于这一点，我让每个人自己来决定。但此处有个重点必须一提，虚伪是很大的障碍。要奉行禁欲的人，如果不能转化自己内在人格特质的话，就容易变得不正常，变得虚伪。无法控制原始欲望的人，就不应走出世这条路。

成为精神领袖的继任者

当我重新下定决心走出世之路后，师父认为我还不够坚定，让我去印度中部的讷尔默达河畔进行修炼。他说在嗡卡列史瓦（Omkareshwar）附近有个叫凯里加特（Kheighāt）的地方，自该处往南 45 千米，有一片茂盛的森林，与世隔绝。河水蜿蜒流淌，河里到处都是鳄鱼。每天早上和晚上都会有好几只鳄鱼躺在河边的沙滩上。

我在河边住了六个月，没有人来打扰我。我只有一个水壶、一条毯子和两条缠腰布。10 千米外有个村庄，村民每天会给我提供一次牛奶和全麦面包。这六个月密集的身心修炼，是我生命中的高峰时期，感觉心灵攀升到了另一个层次。

有一天，一群猎人来到附近，他们是来猎大型动物的。这群人看见我坐在沙滩上冥想，四周围着鳄鱼，其中一些鳄鱼就躺在离我只有一两米远的地方。我没有注意到他们，但他们却拍下了我的照片，寄给报社。很快许多报纸相继报道了这则新闻。

当时卡维皮坦姆（Karvirpitham）的精神领袖正在寻找继任者，他派了一些学者在远处观察我每天的活动。他们白天来观察我，晚上住在村里。他们还从其他人那里收集有关我的生活信息。观察了

斯瓦米 · 拉玛成为精神领袖的继任者

一段期间，也调查过我的背景之后，他们开始接触我，试着说服我考虑成为继任的精神领袖。

那时在任的精神领袖是库尔特科蒂博士，一位知识渊博、智慧极高的人，也是享有盛誉的梵文学者。印度领导人蒂拉克（tilak）是他的密友。我被带去见库尔特科蒂博士，他非常喜欢我。于是我去见我的师父，得到他的允许后，去接任那个职位。

经过持续 18 天的仪式后，我成为精神领袖的继任者。世界各地人士，包括罗马教宗和其他宗教领袖在内，都给我发来贺电和祝福。对我来说，这是一次非常奇异的经历，与之前六个月与世隔绝的独坐修行相比，反差太大了。而且在我还不到 30 岁的年龄，就承担了如此重大的责任，此等人生变化超越了很多小说情节。

库尔特科蒂博士把自己和其他精神领袖、政治领袖之间的宝贵信函卷宗交给了我。我和好几个团体以及领袖人物多次会面。我的行程总是排得满满的，要去各地访问和演讲，而当我不忙的时候，人们又会从早到晚来见我，祈求我的祝福。我一点自由也没有，这令我非常苦恼。我想："我整天都在祝福人们,却没有时间打坐和修行。这可不好。"

我一点也不高兴，我的良心说："你不适合这样做，离开吧！"所以两年后，我不辞而别，逃跑了。我口袋里一分钱没有。前一天我还有深宅大院可住，有好几辆轿车可供我一人乘坐。第二天我除了身上穿的衣服，什么都没有了。

我想返回喜马拉雅山，尽管没有车票，但还是硬着头皮跳上了火车的三等车厢。火车上的人看见我一身华丽的打扮，一定想知道我偷了谁的衣裳，因为我还穿着为精神领袖继任者特制的昂贵衣袍。由于我没有钱买票，又不想暴露自己的身份，所以列车员查票之后，就把我赶下了车。我之前从未逃过票，下车时我低着头，谦卑地对列车员说："谢谢你没有把我交给警察。"

很多追随者对我的不辞而别很不理解，他们不明白我为什么要抛弃如此尊贵的地位,认为我这是渎职。但我在那里从来没有快乐过，所以之后我再也没回去过。

当我回到师父那里时，他说："你已经见到了世间的诱惑如何围猎你，见到世界是如何吞噬一名开悟之人。现在再也没有什么东西能影响你了，因为你已经从地位和声名中穿越而过。人们渴望从心灵导师那里得到指引，尽你所能去启发和提升人们，这就是你此时的使命——永远不要忘记你的道路。"

假和尚：一次悲惨的实验

有位修剪草坪的人，他把剪下来的草收集起来，堆成堆，再卖给有牛的人家，以此谋生。这个人认识我。他想："斯瓦米·拉玛什么事情都不做，就能享受生活。无论他走到哪里，都有人献上鲜花、铺上地毯，甚至给他提供一间舒适的小屋居住。还有人为他打扫卫生、做饭，照顾他的一切需求。成为一名出家人一定很好。"

他向妻子说道："我想做一个实验，假扮出家人，为期半年。"

"但我需要钱，你不能不照顾家呀！"妻子抱怨道。

"我会弄到很多钱，别人给我的钱，我全都转交给你。"他回答。

他用自己的存款买了一件出家人的衣服，扮成出家人的模样。

头三天没有人问他是否饿了。他认为自己受到了侮辱，因为他看到很多人来见我时，都会带上水果，把它们放在我面前，虽然我不吃。（如果人们给我拿来东西，我都会转赠他人。大家送东西是表达对我的爱意，我转送给别人也是表达对别人的爱意。）七天之后，这个假和尚瘦了一圈，一分钱也没弄到。

晚上他偷偷跑回去见自己的妻子。妻子说："你真是个笨蛋。你原来靠卖草还可以赚很多钱，现在却一无所获。你为什么不去问问斯瓦米·拉玛，看他有什么成功秘诀。”

他穿着僧衣，前来见我。

“出家人，请上前来。”我说。

“先生，我想私下问您一个问题。”他说。

我请在场的人先到屋外稍等一下。

“我想知道您成功的秘诀。”他说。

“我不知道我成功了。你认为我哪一点成功？”我问。

“您不用开口要钱，钱就会送上门来。这栋房子任由您使用，出门有司机接送，很多人来这里就为了在您身边坐一坐。这是为什么呢？”他说。

“你知道，当我想得到这些东西时，它们从未来找过我。但是当我决定不要这些东西后，它们就开始追着我。”我回答道。

请记住一点，这是斯瓦米·维韦卡南达说的一句名言：**“财富就像卖弄风情的女人——你想要她，她会跑开；当你对她没兴趣时，她就来追你了。”**

一只手表的故事

曾经有位受过教育的年轻人，他决定成为一名出家人。他没有经过任何戒律方面的修炼。

他仅凭观察出家人的言谈举止、风度仪态，看他们如何说话、如何走路、如何行为，再穿上僧袍，就俨然成了一名出家人。

有一天，他来到我位于喜马拉雅山乌德尔格希的道场，请求住一段时间。每次他和我说话时，他的目光总是停留在我的手表上。那是一块欧米茄牌的精密天文表，是别人当礼物送给我的。我不在乎这块表是廉价还是昂贵，是普通货还是奢侈品，但这位年轻人对它却非常着迷。每次我们谈话时，他总是会想方设法把话题扯到这只手表上。他会说："哦，多么引人注目的手表啊，设计这么精妙，走时一定很准。"

这样过了三天，我对他说："年轻人，我要去根戈德里住一段时间，你能帮我保管这只表吗？"当我拿起毯子和拖鞋，和这位客人挥手告别时，我知道，不久之后我的静修处就没有这个人和我的那只表了。

我并不是真的打算去根戈德里，只是想看看会发生什么。我很快就回来了，果然，那个年轻人和我的表都不见了。在接下来的几天里，熟人问起我为什么没戴手表时，我就会告诉他们，有人在使用它，我并没放在心上。

六个月后，我偶然在赫尔德瓦尔火车站遇见了这个年轻人。他羞愧地想要逃跑。

“先生，我所做的事太糟糕了。”他说。

“你没对我做什么，如果你认为这是错误的，就不要再这样做了。”我说。

然后，我发现他没有戴手表，我问他表在哪里，运转是否正常。

“我把它给卖了，我需要钱。”他说。

不久之后，那块表又回到了我的手上。买家是我的学生，他认出那是我的表，就把它买了下来，还给我。当我再次遇到那个年轻人时，我把表从手上取下来给他，我说：“如果这只表对你有帮助，那你就拿去吧。”

起初他不理解，也无法接受我与他的相处方式，但渐渐地，他发现，对待世界上的事物，可以采取一种完全不同的态度，这是他之前根本不了解的。这件事深深地影响了他。我向他推荐了一个以持戒出名的静修所。现在他已经完全转变，跟换了一个人似的。

无论出世，还是入世，有一点非常重要，那就是真诚。

很多人无法真诚地对待自己，他们不喜欢自己身上的一些习性，却又改不掉，最后就选择逃避。他们不肯直面自己，又不愿别人看清楚自己，知道自己真实的样子，因而长期摆出防御和伪装的姿态。

事实上，在某些时候、某个地方，或者某种关系中，人应该卸

根戈德里的寺庙

掉防御和伪装，将自己完全暴露出来，不要把困窘的种子压在心底，这些隐藏的秘密会拖延我们的进步。

人性的一大特点，是会将自己内心的东西投射到别人身上——我们胆小，就会认为别人也胆小；我们改不掉小偷小摸的习惯，就认为别人也有这个习惯，也改不掉。

真诚是心灵净化的基石。

在冥想时，我们可以让这些尴尬的习性和欲念轻轻地浮现，我们静静观察它们，不评判，也不参与其中。通过这种方法，冥想就成了一个有效的工具，能够让失调的人生恢复到平衡宁静的状态。

两位裸僧

在前往根戈德里的途中，我在乌德尔格希停留了一个月，那个地方在喜马拉雅山的深处。清晨，我经常沿着山路朝特卡拉(Tekhala)方向步行三到五千米。

这条路随着恒河蜿蜒曲折，在山路与恒河之间有一座小木屋，里面有两个房间，分别住着两位赤裸的苦行僧。他们都是鳏夫，大约60岁，大字不识一个，一无所有，连一个水壶都没有。我认识这两个人时，他们很有名，但他们出名，并不是因为他们有学识或智慧，而是因为在如此寒冷的天气下能够赤身裸体。事实上，他们充满了自我意识、愤怒和嫉妒，相互鄙视。

一个阳光明媚的日子，当我走向特卡拉时，我从远处看见这两个人已经将他们床上的稻草铺在太阳下晾晒。他们隔一段时间就要这么做，以除去草中的湿气。当我走近他们的家时，发现他们正扭打成一团。两名年老的裸体苦行僧正在激烈地相互扭打。

“你们这是在做什么？”我出言介入。

“他踩到了我的稻草！他以为他是谁！他以为他是世界上了不起的人！”他们分开站着，其中一人说。

这次经历让我感到很挫败，我开始思考出世之路。我体会到，即使抛弃钱财，舍弃父母、妻子、儿女，也不一定能净化自我，其心灵维度也不一定很高。形式上的出家，只会导致痛苦和挫败。出家而不了解生命意义何在的人，只会让出家人陷入困境。而有些入世之人，他们对人生的领悟，以及心灵成就，却达到了一个很高的程度。

我得出一个结论：**内在的觉悟比外在的生活方式更重要。**

执着是我母，愤怒是我父

有一位出家人，他经常去一位弟子家中，跟他们同住。弟子全家对他又敬又爱，因为他是自律的典范，又深具心灵智慧。他总是在日出前起床、沐浴，然后静坐冥想好几个小时。

但有一天早上，天还黑着，他大喊道："喂，给我拿点吃的来！"

"先生，现在是您洗澡的时间。"弟子说。

"给我食物吧。我饿了！"出家人说。

他吃了饭，然后洗澡。洗完澡后，他去排便。然后又回去睡觉。

他把之前的作息顺序全颠倒过来了，弟子全家深感不安。

"他出了什么事？他疯了吗？"他们窃窃私语。

"老师是一个了不起的人，我们应该帮助他。"女主人说。

他们叫来了几位医生，并告诉他们："不要提任何有关治疗的事，不要让他不安。要说，'我们想来跟您学习'。请尊重他。"

医生们来了，装出门徒的模样，因为他们接受了报酬。他们问："老师，您好吗？"

他没有反应，一动不动。医生们认为他可能是处于昏迷状态。有人检查了他的眼睛，没有动静。有人发现他的脉搏若有似无。一名医生对另一名说："我觉得他活不了了。"第三名医生用了听诊器，发现他的心跳减弱，于是报告说："他心脏衰竭了。"

女主人开始哭泣，因为她一向把老师当作自己的精神之父。

最后他们把我请去。我刚进房，他就坐了起来。

"怎么回事？"我问。

"没事。你为什么这样问？"他说。

"大家都在担心您。"我告诉他。

"我打坐只为两件事。但是今天我的父母死了，我很难过，所以就不打坐了。"他的话中充满了神秘。

"您的父母死了？您是一位出家人，您跟父母不再有关系了。"我说。

"不，不，不，你也有父母，当他们死去，你就会明白。"他接着说，"执着是我的母亲，愤怒是我的父亲。这二者皆死，所以我变得无事可做。现在我不需要做任何事。"

当你放弃执着、愤怒和自大时，冥想就成了你的本性，那么你就没必要摆出冥想的姿势，因为你的一生都是一种冥想。

第8章

冥想：觉醒之道

度生命哲学有很多流派，
但几乎所有流派都重视冥想。
冥想是灵魂的安静，
是思想的放松，
是内心的平和。
当心安静时，
万物都在诉说真理；
当你不再向外追逐时，
心灵的秘密尽显无遗。

一位著名的女瑜伽行者

我 16 岁时，南亭巴巴和我住在拉里亚坎塔（Laria Kanta）森林里，我们都很年轻，也都很有抱负。当时，印度奉爱瑜伽的领军人物阿南达玛依和她的丈夫一起去朝圣。虽然他们是夫妻，却没有世俗的夫妻关系，彼此都了解持戒的意义，决定过禁欲的生活。两人都 40 来岁，完全将自己奉献出去。

在这次朝圣之旅中，有大批追随者跟随他们，前往冈仁波齐山，那里距离世界第一高峰珠穆朗玛峰不远。很多人相信，朝圣莫过于去这个地方，大家都期望在此地能一睹圣贤，遇见高人。

阿南达玛依听说过我们两个年轻人出家的故事，就在去冈仁波齐山的路上来看望我俩。两个月后，当她从冈仁波齐山回来时，再次经过拉里亚坎塔，我们和她又相逢了，并参加了她晚上组织的集体盛会。她走的是奉爱之道，会定期为追随者做演讲。

瑜伽流派有很多，但主要有六种，“奉爱瑜伽”（Bhakti Yoga）就是其中之一。这是一条奉献自我之路，爱之路，而音乐是其表达奉献的方式之一。奉爱瑜伽是以自我牺牲、崇敬和同情心为基础。在这条道路上，谦卑、温柔、纯洁、简朴和真诚是最重要的品格。

这是一条“心”之道，意味着追随者要把自己的心完全奉献出去。这条道路上的很多人在聚会时一起唱诵，常常感动得泪流满面。

“智瑜伽”（Jnana Yoga）是知识之路，被称为智力瑜伽。追随者

阿南达玛依，摄于阿尔莫拉

不仅需要知性上的了解，更需要心灵开出智慧的花朵。然后通过冥想参悟，最终获得自性自在。这条道路如同游走在剃刀之上，如果不能严守戒律，很可能成为自以为是的狂徒。

“业瑜伽”（Karma Yoga）是那些“只问耕耘，不问收获”之人所遵循的道路。这些人在当下努力，却不追求将来的结果，他们把结果交出去，交给宇宙。由于对结果不执着，所以他们能从事无私的行为活动，免于受到行为后果的束缚。业瑜伽的教导是：能正行，所以不被束缚；有正见，所以能超越。

“昆达里尼瑜伽”(Kundalini Yoga)是瑜伽中的另一个流派，修炼者需要对人的身体结构、神经系统、各种能量通道有深入的了解。这种特殊的修炼方法，能帮助人们掌控自己的身体功能和内在状态。人类沉睡的意识能量位于脊柱底部,当它被唤醒时,就会沿着“中脉”往上,升至最高的“脉轮”。于是“夏克提”的纯阴能量在那里和“希瓦”的纯阳能量合而为一。

“王道瑜伽”(Raja Yoga)是一种系统化的修炼之路，可以引领学生通过瑜伽八步功法，逐渐达到最高的喜悦境界——三摩地，即与宇宙绝对真实的本体合而为一。这是一种最容易了解、最具系统性、最科学的方法，它将业瑜伽、奉爱瑜伽、昆达里尼瑜伽、智瑜伽融为一体。王道瑜伽的理论基础是“数论”哲学。

“室利毗底亚”(Sri Vidya)这种方法需要对小宇宙和大宇宙有透彻的了解，是所有方法中最高深的，只有极少数修行已有成果之人才能修炼。它是一条实践之路，但在修炼前必须对哲学有深入的了解。如果只靠书本上的知识来修炼,不仅耗费大量时间,还非常危险。

想要修炼之人，一定要有名师指导，这是一条非常稀有的道路，唯有极高成就的人才能修炼。

南亭巴巴和我参加了阿南达玛依的唱诵晚会，人们用孟加拉语和印地语唱诵着，非常投入，也非常动人。我们听着唱诵，乐在其中，但感觉自己更像是一个观察员，而非参加者。我们俩都更偏好静坐冥想，都已经走在智瑜伽和王道瑜伽的道路上。当然我们也认可别的道路。如果有人选择了某一种道路，并不意味着他会憎恨其他道路。

尽管如此，但阿南达玛依的一位学生来到我们面前，试图说服我们相信他们的奉爱之道才是最高的道路，要我们改换门庭。

“你们为什么不加入我们一起咏唱？”他问。

我告诉他：“拉着车的马不会去享受拉车的乐趣，但坐在车中的人却可以静静旁观、眺望和享受。有时候，观察员比参加者受益还要多。”

这位学生坚持认为他所走的道路才是唯一正确的。我们的讨论很快就引起了争论。这时阿南达玛依来了，她对自己的学生说道：“不要争论。一个人应该了解自己内在的本性为何，然后走最适合自己的路。奉爱之路并不是愚蠢的奉献。奉献意味着完全的献出、臣服、放弃自我，与宇宙合一。它是心灵的道路，但它并不与其他流派相矛盾。如果没有虔诚之心，智瑜伽的修行者也不可能开悟。同样，那些只会哭泣、颤抖、情绪化、做出奇怪举动的人，不能算是真正的奉爱瑜伽。应当培养内心的平静，这样所有的道路都可以被理解了。心灵的净化是必需的，可以通过冥想来实现。讨论是学习知识的常态，心态平和，双方都能从中受益。”

直到今天，我依然记得她不同凡响的开示。

我问她："您的道路真的比其他道路优越吗？只有您所做的才是真实的吗？您觉得别人是在浪费时间吗？"

她回答："我的奉爱之道适合我，但你们不要改变自己的路。有些人没有指导，会变得头脑混乱，无所适从，并不停地变换道路。混乱的头脑不适合走任何道路。寻找真理的人会通过观察老师身上的某些迹象，来获得学习和指导，例如无私、真诚、真实，以及控制身、语、意的能力。

"如果我们只看见我们想看见的，这会阻碍我们的学习，我们会执着于那条自以为正确的道路，并由此变得狂妄和自负，甚至开始与人争辩。自负其实是自卑的表现，如果任由自卑继续发展，必将导致自恨，并恼羞成怒地关闭所有知识的门户，变得以自我为中心、孤僻、不与人交流，又极端自大。这种情形可能会发生在任何人身上。"

阿南达玛依说："学习经典固然很好，很有帮助，但如果缺乏与同行的切磋，学习只会使人变得骄傲、自负。博学之人如果能经常与开悟者交流，就会变得谦虚、开明、易于沟通、行为柔和。

"初学者喜欢夸耀他所走的路是最优越的，但真正走过来的人会明白，殊途同归，没有优劣贵贱之分。走哪条路并不重要，重要的是，要仔细观察自己情绪和思想的变化，并学会不要认同，不要迷失在其中，不要被它牵着鼻子走。"此时，她正凝视着她丈夫，双眼像是两杯盛满了虔诚的美酒。我们告别了阿南达玛依，回到那个宁静之处，我们经常冥想的地方。

心在掌中，泪在眼中

有一回，我从喜马拉雅山下来，前往阿格拉（Agra）拜见一位苏菲派女圣者。阿格拉因泰姬陵而闻名。泰姬陵是莫卧儿王朝皇帝沙·贾汗为了纪念他已故皇后泰姬·玛哈尔而建立的陵墓，是印度穆斯林建筑艺术的瑰宝。它是爱的象征，也是世界奇观之一。

阿格拉的这位女圣者，住在一个很小的寺庙里，她全身赤裸，已经93岁了，晚上从不睡觉。事实上，一个深度冥想的人，在完全平静的超意识状态中，是不需要太多睡眠的。

我叫这位圣女“比比吉”，这个词是用来称呼“母亲”的，而她则称我为“我的儿子”。在阿格拉停留期间，我经常会在深夜十二点到一点之间去见她，以至于被大家误会。他们认为我的行为欠检点，已经有点精神失常了。

尽管一些高级军官和学者也常常去拜访她，但这座城市里的人们对这位苏菲派女圣者神秘的生活方式却并不是很了解。

比比吉以悲天悯人的胸怀接待每一位来访的客人，但对世俗世界的态度却是不言而喻的，她说：**“世人都学会了如何用谷物和钱币将土钵填满，但是无人知晓如何填满心钵。”**

一天晚上，比比吉告诉我："开悟是一件很简单的事情，只要把自己奉献出去，心在掌中，泪在眼中，你就可以证悟了。"

很多时候，我会看到比比吉的眼睛散发出非常强大的光芒。她超凡的喜悦，完全的臣服，以及虔诚的奉献，给我留下深刻的印象。她说：**"每个人都有一颗智慧的珍珠，藏在心海的贝壳里，潜入深处，有一天你会找到它。"**

一天，她微笑着坐化。我们 12 个人围坐在她身旁，目睹了一道像星星一样的光，从她的心窝处迸发出来，闪电般向着天空疾驰而去。她永远留在我的心里。我怀着无限的爱与崇敬，回忆我的比比吉。

最深的自由，是不执着

我经常听说一位名叫乌里亚巴巴的圣者，他以博学和心灵智慧而闻名。他住在维伦达文(Vrindavan)。师父曾派我去和他一起生活。一位和我很熟悉的人是这位巴巴的追随者，他带我去维伦达文。当我到达时，发现已有数百人在门外等候见他。巴巴的追随者向他通报我来了。他非常友善地让人把我带去了他的房间。这位圣者的身材矮小，大约 65 岁。他被公认为是北印度最伟大的学者之一，全国各地有大批追随者。他对我非常友善，并且很慷慨。

傍晚，我们常去贾木纳河（Jamuna River）边进行晚间沐浴、洗漱。一天晚上，我问他："出世比入世更好吗？哪一条才是正路？"那些天我正在研究业力哲学，知道有因就有果，如何才能超越因果法则呢？

巴巴告诉我，不是所有人都适合出世，因为这条路非常艰难。事实上，**根本没有必要放弃世界上的物质，因为一个人并不能真正拥有或占有任何东西，需要放弃的不是这些东西，而是占有这些东西的心理。**

无论你生活在红尘，还是红尘之外，都没有多大区别。对世间事物的执着，才是痛苦的根源。只要老老实实虔诚地在无执这方面下功夫，就能从业力的束缚中得到解脱。要走业瑜伽之路，不可放弃自己应尽的责任，一定要去做，一定要无私地去做。出世之人虽然放下了世间的事物，远离了它们，但仍然要履行自己的责任。在履行职责的时候，只需努力，不求回报。如果执着于结果，即使生活在红尘之外，也会非常痛苦。同理，那些生活在滚滚红尘之中的人，也必须征服内心的占有欲，否则，就会为自己制造障碍，人生之路荆棘重重。出世和入世虽是两条不同的道路，一条是奉献之路，一条是征服之路，但殊途同归，都能达到自我了悟。

巴巴继续说道，因果法则适用于所有人。我们过去所经历的一切会深深植根于潜意识中，我们将其叫作“心印”。这些潜伏的心印会产生各种思想的泡沫，并通过我们的言语和行为表现出来。求道者是有可能挣脱这些心印束缚的，他们可以用无执之火、智慧之火把心印给烧尽，从束缚中获得解脱。这时，心印就像一根烧焦的绳子，虽然还保留了绳子的形状，但已经完全没有了束缚力。被无执之火烧焦了的潜伏心印，虽然仍藏在潜意识里，但它们就像是烧焦了的种子，不再具有发芽的能力。这就像经过烘培的咖啡豆，你可以用它们来泡咖啡，但它们却永远失去了生长的可能。

不执着，并不意味着冷漠或者不关爱。不执着和爱是一回事。执着带来束缚，无执带来解脱、自由。而真正的爱是放手，是不执着的。出世之人慈悲为怀，在寺庙修行，可以拓宽意识的维度，而入世之人如果把红尘当成一个大寺庙，以爱为动力去行分内之事，同样可以让心灵得到提升。无所执着，可以让出世之人在世外得到开悟，让入世之人在红尘得到开悟。

开悟之人不论他是入世还是出世，都能够自由地游走世间，为他人指点迷津，疗愈疾病。我请巴巴告诉我更多关于疗愈的事情。他告诉我，疗愈分为身、心、灵三个层面。

真正具有疗愈能力的人，能够为人疗愈所有层面的问题。疗愈的关键是无私、爱心，以及生动的意志力。如果他企图以此为职业，有了执着之心，他的心理能量立刻就会改变流向，流入较低的凹槽，也就失去了治愈的力量。所以，**所有开悟者都宣称他们的力量不是来自于自己，而是来自宇宙，自己不过是一个搬运工。**

和巴巴住了 15 天之后，我深深领悟到——**执着，是地狱；不执着，是我的救赎。**

甘地走路的样子

40多年前，我有缘与圣雄甘地在瓦达（Vardha）的静修处住了一段时间。甘地是业瑜伽的代表人物，强调无私的行动和服务，通过行动中的冥想，达到心灵的纯净和解脱。

在那里我遇见了许多温柔而充满爱心的灵魂。我曾看见甘地如何照料一位麻风病患者。那位患者是一位博学的梵文学者，他饱受疾病的打击，这使得他的脾气非常暴躁，但甘地却悉心照料他，给我留下深刻的印象。

我的师父要我留心观察甘地，尤其是他走路的样子。我发现他走路的方式与其他圣者有很大不同。他走起路来好像他与自己的身体是分离的。他似乎像一匹拉车的马拉着自己的身体。他经常祈祷，对任何信仰、阶层、性别和肤色的人都完全没有恨意。他说："祈祷不是要求，而是灵魂的渴望，渴望承认自己每一天都是脆弱的。"

甘地每天都会静坐冥想，在他看来，静坐冥想并非逃避现实，而是通过净化心灵来更好地面对现实。他说，一天之中我若没有半小时的冥想时间，那么我会用一个小时来弥补。

在内心的宁静中，发现真正的力量和智慧，这已经成了甘地生活的重要部分。有一次，他正准备参加一个重要的会议，讨论印度独立的紧急事情，就在会议开始前，甘地坚持要完成他每日的冥想。他的助手对此感到不解，问他为什么在这么紧张的时刻还要花时间冥想。甘地回答说："今天的会议非常重要，因此我需要双倍的冥想时间，以确保我的心灵平静和头脑清晰。"

甘地相信无论外界多么纷乱和紧张，通过冥想，使他能够更好地处理这些复杂的问题，做出正确的决策。

甘地是倡导非暴力的先驱，一直在实验如何扩展人类爱心的限度。如此之人，在任何风暴和苦难中，都能找到生命的喜悦。甘地从不保护自己，他心中有一团永不熄灭的爱的火焰。自立和无畏，是他生命哲学的基石。尽管暴力深深地触及他的生命，可是他的非暴力精神毫不懈怠，他依然独自迈步前进。他一生中没有任何怨言，也未隐藏任何敌意。

在跟甘地同住期间，我在日记中写下这些原则：

1. 非暴力和怯弱不能并存，因为非暴力是在消除恐惧后完美地表达爱。如果你手拿武器，才表现出勇敢，说明你心中还有恐惧的成分。非暴力是一股强大的生命动力，不是来自强壮的身体，而是来自自由的心灵。

2. 真正信仰非暴力的人，不会失望、沮丧。他安住在永远的喜乐与祥和中。那种喜乐与祥和是不会降临到夸耀之人头上的，只会降临到那些满怀信念而专注的心灵。

圣雄甘地

3.聪明可以制造出很多奇妙的东西，但非暴力属于心灵，不是靠智力水平就能得到。

4.仇恨无法消灭仇恨，只有爱才可以。这是一个不变的法则。

5. 虔诚的奉献不是用嘴巴来说的，而是通过心灵、言论和行为，将一己交出去。

6. 甘地不认为不同文化和宗教会造成隔阂和障碍，所有宗教皆是手足。

7. 甘地相信生活的艺术，就是一个人的行为不求回报。他锻炼自己不为得失而担心，只专注于手头上的工作，就不会感到焦虑和疲劳。

8. 为了享受生活，人就不要执着于任何事物。不执着，意味着纯正的动机、正确的方法，以及不企求、也不担心结果。

9. 瑜伽最根本的含义是“结合”与“统一”，是将身体、精神、感觉、情绪、人格、本能以及灵魂等每一个层面，都整合起来，由此通向完整。

10. 静坐冥想可以成为一个人生命的支柱，帮助他度过每一次危难。它能够将人格中负面的东西转化为正面的，在心灵深处整合对立的思想、冲突的情感，甚至分裂的人格。

我在瓦达静修处遇见许多奇人异士，还与甘地的儿子成为朋友，带他去了喜马拉雅山中的高山尼（Kausani）——一个奇妙美丽的地方。一次，我与他一起在山中静坐冥想前，他背诵了他父亲的一段话：“冥想是灵魂的营养，通过它，我找到内在的平和与力量。”

闭上眼睛，听见宇宙的心跳

当我十几岁的时候，我经常和比我大二十多岁的师兄一起旅行。有一次，我跟他去穆索里（Musoori），那里是喜马拉雅山脚下的一处度假胜地。途中,我们在一个叫作拉杰布尔（Rajpur）的小镇停下来。那时，大名鼎鼎的诗人泰戈尔正落脚于当地的一间小屋内。师兄和泰戈尔的家人比较熟，所以我们前去拜访他。

我们接受泰戈尔的邀请，和他在同一间小屋里住了两个月。泰戈尔很喜欢我，并让师兄送我去圣蒂尼克坦（santiniketan），那是泰戈尔创立的一所教育机构。

我非常渴望去圣蒂尼克坦，终于在 1940 年如愿以偿。泰戈尔的儿子辛德拉纳特亲自接待我，并安排我住在马利克吉的隔壁，他是泰戈尔最虔诚忠实的崇拜者。圣蒂尼克坦是当时世界上最美丽、最奇妙的学院之一，有数百名学生在那里住宿、学习。

在跟泰戈尔一起生活的那段时间里，我有机会观察他对工作的热爱。他总是忙于练习冥想，忙于写作、绘画。他睡眠的时间很短，白天从不躺下。即使年老体弱也没改变这些良好的习惯。虽然他的生活并不是出世的，但却是一位真正的修行高人。苦行，是最古老

斯瓦米 · 拉玛，摄于泰戈尔的学校

的觉悟之路，真正的苦行的确值得尊重。但同样值得尊重的，是一条更困难的途径，就是大隐隐于市，投身自己的使命。就像泰戈尔所坚信的：入世但不世俗化。

他在一首诗中写道："出世的解脱不属于我。"

泰戈尔对冥想的理解非常深入，他在《园丁集》中描述了一位寻找内心平静的年轻人。他离开喧嚣的城市来到乡村。每天坐在花园里，观察周围的花草树木，聆听鸟儿的歌唱，在自然中冥想。他写道：在寂静中，宇宙的声音清晰可闻；在冥想中，心灵的秘密尽显无遗。冥想如同一面镜子，能照见我们内心的真实与美丽。通过冥想，这位年轻人感受到了心灵的潮汐与宇宙的脉动和谐共鸣。他说，冥想如同黎明的光芒，驱散他内心的黑暗，带来了清晨的希望。

我景仰泰戈尔，他是我认识的人中最包容、最全面、最完整的人。他坚信：你闭上眼睛，就能看见宇宙的心脏；在宁静中，你能听见宇宙的呼吸。

我依然记得泰戈尔关于冥想的诗句——

寂静是宇宙的声音，冥想是理解它的途径。

静静地坐着吧，让心灵沉淀，像一池清水，映照出真理的光辉。

泰戈尔

雨：天与地的连线

大约在20岁的时候，我来到喜马拉雅山旁遮普地区的一个度假胜地——西姆拉（Simla）。我在那里遇见一位瑜伽圣者，他个子很高，身体强健，容貌英俊，而且博学多闻。他只说英语，一谈到英国文学可以讲上几个小时。虽然他是英国牛津大学的理科硕士，现在却在大学教授哲学。

见到他时，我手中正拿着一把雨伞。

“你为什么要多带着这个负担？要了无所有！”他说。

我们一起走的时候，下起了雨。因为我有伞，就打开了它。

“你在做什么？”他问。

“我在为我们挡雨呀。”我回答。

“不要这样做！雨是天与地之间的连线，为什么不让我们有这个联结？如果你要和我同行，就把你的伞扔掉吧，还有其他东西。”他说。

“先生，这样我会被淋湿的。”我争辩道。

“如果你怕淋湿了衣服，大可以不穿衣服，自在行走，或者干脆去躲雨。”他回答道。

他的话深深触动了我，我立刻就把雨伞丢在路上。从那时起，每逢在户外碰到下雨，我都能享受那份天与地的联结。

冬天，这位圣者只穿一件薄薄的棉衫，在雪地里四处走动，那是他唯一的身外之物。他完全适应了高山中的气候。靠着一些瑜伽功法，他能在海拔 3 000 多米的雪地里赤足行走。他的感觉很敏锐，因此完全掌握了对冷热的感受。

能和他一起生活，对我而言是一次具有启发性的经验。我引用了一段《奥义书》中的颂文，来问他一个关于最高开悟经验的问题。他回答："当身体与外在事物接触时，人会产生或舒适、或快乐、或痛苦的感受，但如果你能感官内摄，将心念集中在一点上，就能免于外在的影响，得到内在的喜悦，进而进入高阶的觉悟境地。

"最高的开悟境界是全然的寂静。冥想是心灵的呼吸，寂静是灵魂的安抚。当你把自己沉浸在静默的深处时，宇宙就在你心中展开，你会发现你的心灵与宇宙的心灵合而为一。"

马哈希·拉曼：了解自己，就了解一切

杜塔先生是北方邦加吉普尔（Gajipur）的一位著名医生。当我还在纳西克（Nasik）当精神领袖继任者时，他写信给我，说他要来纳西克城见我。见了面后，他告诉我他此行的目的：他想邀我一起去南印度的阿如那恰拉（Arunachala）拜访马哈希·拉曼，他是印度最著名的精神导师之一，为所有学派一致推崇的圣者。

1949 年冬天，我们前往阿如那恰拉，虽然只做了短暂的停留，却非常愉快。停留期间，马哈希·拉曼正处于静默期。静修院里住着几位外国学生，他最优秀的弟子夏斯垂负责给我们开示，而马哈希·拉曼则静静地坐在一旁。

马哈希·拉曼在场时，我发现了一种极为罕见的现象，也是我在其他地方很少遇见的。只要敞开心怀，置身于静默无声的静修院中，你就会感到一股静默之声流入心田。坐在他身边，你心中任何疑问的答案都能浮现出来。的确如此，待在伟人身边就如同经历了一次初级的开悟体验。马哈希·拉曼没有老师，却是印度大地百年来所诞生过的最伟大、最神圣的人物之一。只要有缘接触他，就能净化自己的灵魂。

精神导师马哈希 · 拉曼

马哈希·拉曼说，**人并非他认为的那样，而是他隐藏的那样。**求道之人只要冥想“我是谁？”就可以见性开悟。虽然这个非常简单又非常深奥的观点，早就是东方和西方哲学共同的基石，却是由马哈希·拉曼再度振兴起来的。马哈希·拉曼把所有吠檀多哲学带入了实践之路。他把整部希腊史诗《伊利亚特》简单扼要地讲了出来："能了解自己，就能了解一切。"这种非常简单而深刻的自我探究法，是东方人和西方人都可以接受的。

我们在阿如那恰拉这个充满灵性震荡的氛围中待了五天后，回到纳西克。

参拜这位伟大的圣者之后，我决定辞去精神领袖继任者这个尊贵的头衔和位子。身为出家人，如此忙碌的生活已经使我变得沉重而无聊。我原本心中就有放弃的火苗，这次拜访，无疑是为我添加了燃料。

"放弃你，得到你。"这句话在我心头呐喊，让我无法再继续待在纳西克了。但对我来说，逃跑并不容易，突然抛下所有的责任，可不是件简单的事——但有一天，勇气来找我，我毅然离开了纳西克，回到了喜马拉雅山中的家。

我深深相信，开悟绝对要靠自己，但如果没有圣者的启迪，引发内在隐藏的力量，证悟自我是很困难的事。

室利 · 奥罗宾多：谁会与我同行

我无法忍受纳西克那种高度拘束的环境，就想去本地治里（Pondicherry）的静修所拜访室利 · 奥罗宾多。奥罗宾多不仅是一位了不起的哲学家，还是著名的诗人。我很喜欢他的一首诗《邀请》——

在风和天气的围绕下
我走向山丘和荒野。
谁会与我同行？谁会与我攀登？
涉过小溪？踏过积雪？

这些诗句正好契合了我当时孤独又渴望超越的心境。

这个静修所里的学生都非常虔诚和坚定，深信他们所过的生活是至高无上的。我到达本地治里的那天，有一场由一位著名音乐家举办的音乐会，他是奥罗宾多的一名弟子。我被非常体贴地安排住进一间宿舍，并受邀请去聆听那位弟子的虔诚唱诵。

我在本地治里住了 21 天，这给了我足够的时间来增强我在阿如那恰拉所受到的启发。在那段日子里，我焦躁不安，内心纠结。一方面我想抛弃世俗生活，但另一方面世俗的责任和义务又在拉扯着我。

在本地治里时，我与室利·奥罗宾多见了好几次面，他非常客气地与我交谈。他拥有超强的人格魅力，一字一句直入心灵。我十分尊重他所创立的现代而睿智的“综合瑜伽”(Integral Yoga)。就我对这一哲学的理解，简要概述如下。

哲学家室利·奥罗宾多

室利·奥罗宾多的生命哲学一以贯之：宇宙是一个整体而非二元。这是一种从根本上理解现实的方法。他认为宇宙是一个密不可分的整体，我们所观察到的差异，都是宇宙绝对本体发展、变化出来的。将宇宙视为一个整体，消除了各种伦理、信仰、逻辑推理，以及不同哲学之间的分歧。室利·奥罗宾多相信，宇宙的本体无法通过思考、判断、逻辑推理等理性思维去了解，相反，这些概念、看法、观点和论断，还会形成思维的墙，让你陷入狭隘的二元对立之中。只有通过纯粹心灵直觉所产生的洞见,你才能触及,体验到它。

根据他的生命哲学，真理超越了物质性、因果律、条理性、结构和数字。“整体而非二元”这一哲学，与中国哲学中的“道”，有着非常紧密的关系。

中国老子哲学主张“无为”，意思是放弃内心的执着和占有欲，就能与宇宙本体的“道”合一。道家哲学的核心是，通过“无为”来提升心灵维度，达到“无所不为”的自如状态。而整体哲学强调冥想，当人在静坐冥想中，祛除了我执之后，内在的真理之光就能够显露无遗。

根据奥罗宾多的整体哲学，人和宇宙中的低级本质和高级本质都源于同一个终极真理。低下的成分是指世界中物质的力量，以及潜意识中的本能驱动力。人的更高本质是由纯粹的意识和精神渴望组成的。低级成分可以通过一些方法升华为高级成分。人必须忠实于内心，才能证悟到那“绝对”。他认为，现代人没有必要走出家门去苦修以达升维,以不执着之心去做事情,同样也能唤醒沉睡的力量。他说:“我们唯有立足于物理世界，才能掌握超物理世界。”

具体方法有二：首先通过冥想，揭开无知的面纱，看见真正的自我。《奥义书》中说："真实的自我是隐藏在众多层次之下，通过冥想，可以觉知这个内在的自我。"那觉知的中心即是自我，当人认识到这一点时，他就达到了真正的平静。

第二个方法是通过无私和博爱的行动，创造了与他人之间的联结。这种方法能够拓展精神境界，帮助我们提升到更高的意识水平。

我完全相信室利·奥罗宾多的生命哲学，将得到印度人，特别是西方人的广泛认可。但是由于我习惯了安静和独处，无法适应静修所里的戏剧、网球和音乐会等众多活动，所以，我回到纳西克，决心离开，回到喜马拉雅山中。

下定决心后，奥罗宾多的一段话从我的脑海中涌现出来："巨大的寂静笼罩其间，一切都能被听到，一言不发，但一切都已道尽。"

幸福的波浪

有一回，我去圣地奇特拉科特（Chitrakot），根据史诗《罗摩衍那》的记载，这是罗摩被流放之地。它位于印度最长的山脉温迪亚（Vindhya）山脉之中。根据古老的传统，热爱奎师那的人会去拜访温达文（Vrindavan），而热爱罗摩的人会去奇特拉科特。

当我进入了萨塔纳（Satana）森林时，遇见了一位圣者，他非常英俊，在吠檀多和瑜伽哲学方面造诣很深。他既了解理论，又具有丰富的实践经验。他的名字叫婆罗门南达·萨拉斯瓦蒂。

他住在山丘一个靠湖的天然岩洞里，每天靠发芽的种子加少许食盐为生。我在村民的带领下来到那个地方，却连个人影也没有找到。我非常失望。第二天再度造访，除了在湖边发现木屐留下的几个脚印之外，还是没有看见人。我追踪脚印寻找，但脚印却在半路消失了。我无功而返。第五次去山洞时，一大早我就出发了，终于在日出之前，看见几日来寻觅的人正在湖中沐浴。

我向他问候。由于他正处于静默期，所以就用手示意我跟着他进入洞穴，我非常高兴。这是他静默的第八天。我在那里静候了一夜后，他打破静默。我轻声向他表明来意。我想知道他的生活方式以及修炼的方法。

在交谈中，他跟我讲起了室利毗底亚，这是一种最高深的修炼法，在印度只有少数几位精通梵文的圣者才能修炼。这套方法融合了王道瑜伽、昆达里尼瑜伽、奉爱瑜伽等。修炼此法的老师推荐过两本书《喜悦之流》和《美丽之流》。

婆罗门南达・萨拉斯瓦蒂

修炼此法的人全印度不过十至十二人。我开始对此感兴趣，而我今天取得的一点点进步都是因为它。在这门学科中，身体被看成是寺庙，自性是住在其内的那位。人自己就是一个微小的宇宙，能了解自己，就能了解整个宇宙。

研读各种典籍，学习各种方法后，在师父的帮助下，我最后选择了修炼室利毗底亚。

婆罗门南达・萨拉斯瓦蒂是一位懂得修炼室利毗底亚的罕见高人。以前无论他去到哪个城市，都会有数千人来听他传法。我跟随他几个星期之后，就动身去了乌德尔格希。

七大哲学流派

我经常去拜访阿拉哈巴德（Allahabad）大学的拉纳德博士，他是对印度哲学最有研究的圣者之一。在印度所有的大学学者中，拉纳德博士是我最尊敬的人。因为他，我才对印度哲学有了系统性的了解。他说，印度有七大哲学流派：吠檀多、瑜伽、数论、胜论、弥曼差、正理论和佛学。尽管这些哲学流派各有不同，但它们都试图回答最基本的人生问题。这些重要的问题如下——

1. 我是谁？我从哪里来，以及为何而来？在人世间，我与这浩瀚宇宙，以及他人，有什么关系？

2. 我存在的本质是什么？显化世界的本质是什么？它的起因是什么？

3. 意识的中心和世界上的物质有何关系？

4. 形式和名称的本质是什么？它们如何为人服务？

5. 只要我们还活在这个自然身体中，行为的准则是什么？身体死亡后，我们是否还活着？

6. 什么是真理，我们如何就这个问题获得理性的结论？

拉纳德教授

吠檀多：我不来自任何地方，也不去任何地方，而是假借许多形式、许多名字表现出来。我的本质不受任何限制，我如大海，众生如波。

瑜伽：个体灵魂是一个探索者，而宇宙意识是它在其中找到的终极存在。个人需要通过姿势和冥想来控制感官，将零乱，甚至分裂的自我整合起来，最终获得开悟。瑜伽是心灵的旅程，穿越无尽的黑暗，寻找内在的光明。

数论：主张二元，认为有意识的我，与无意识的原物是分离的。原物有三种特质：静止、活动、不活动。就像一根绳子上打了三个结。宇宙中的所有物质，包括心的活动在内，都不外乎是原物这三种特质在相互牵动，从而表现为种种现象。这三种特质和谐相处，原物就彼此平衡。数论是印度心理学的基础，也催生了印度医学。

胜论：谈论的是人身与宇宙的物理以及化学关系。它探讨了九个主题——地、水、火、空气、空间、时间、维度、心灵与灵魂，以及它们的相互关系。

弥曼差：人必须通过行为才能获得解脱，因而它非常详细地诠释了仪式、祭拜和德性并发展成为业力哲学。

正理论：逻辑学的一个派别。

佛学：佛学有四大真谛——苦，痛苦悲伤是存在的；集，痛苦悲伤是有原因的；灭，痛苦悲伤是可以消除的；道，有消除痛苦悲伤的方法。

这七大哲学流派演绎了不同方面的真理。它们都有神圣的高远目标，但在某些基本的要义上意见是一致的。

索麻：别把幻觉当开悟

我读过一位山地学者写的一本书，他对索麻进行了研究。索麻是喜马拉雅崇拜仪式中会使用到的一种著名草药。关于它的生长地点、泡制和使用方法，《吠陀经》中也有记载。出于好奇心，我联系了作者。

作者向我介绍了百若杜特先生，一位著名的草药学家，索麻方面的权威，也精通经文。他答应带草药来，并教我如何使用。他说，索麻是一种爬山虎植物，生长在海拔 3 400 米以上的地区，而且只有两三个地方才长得出来。我付了他 1 000 卢比作为路费。冬天结束后，他给我带来了索麻，重量还不到半千克。

然后，我们找来一些苦行僧做实验。服用索麻后，他们变得无所畏惧。他们描述服用后所产生的幻觉体验，与服用西方人的迷幻蘑菇类似。草药师解释说，某些种类的蘑菇具有类似的效果。不过，索麻不是蘑菇类，而是多肉植物。

古人对索麻和汞都有过记载，介绍这些东西能制造出幻觉，还罗列了数百种方子供人使用。顺势疗法医生建议临终病人服用微剂量的砷来消除对死亡的恐惧。古埃及和古希腊人在临终前服用铁杉毒药，使病人不感觉到疼痛，能欣然接受死亡。同样，印度草药师特别推荐使用索麻把注意力转向内在，这种体验比通过感官获得的体验更高，而在一些仪式上使用索麻，也是为了制造幻觉。

尽管如此，所有瑜伽流派都禁止使用这些外来的刺激物。一些劣等的出家人服用这类草药，结果把自己吃傻了，随地乱坐，表情痴呆。使用迷幻药物可能伤到神经系统，引起幻觉，从而导致精神错乱。我曾经观察过长期服用这种草药的人，结果发现他们的心灵并没有得到提升。

这位草药师说，他自己也会服用索麻汁，服用后感觉非常愉快，有一种飘飘欲仙的感觉，但如果经常服用就会感觉抑郁。他还得出结论，重复使用此类草药也会导致心理依赖和上瘾。他说服我尝试一次，他说："那感觉太妙了，是你从来没有体验过的。"

一天早上，他准备好药之后，我俩都喝了下去。它的味道苦中带酸。过了一会儿，他开始吟诵、摇摆，最后把身上的衣服全部脱光，跳起舞来。但我却头痛得厉害，感觉快要炸裂了。我用双手抱住头。旁边人看见我们奇怪的行为，难以理解，他们疑惑地摇摇头："天哪！到底发生了什么？一个在外面跳舞，另一个抱着头缩在房间一角。"我焦躁不安，想要跳进恒河，游过去，逃进森林中。这是一次乱七八糟的体验。

草药师一边狂舞，一边大喊大叫，惊动了早上来见我的学生，他们想制伏他。尽管他身材矮小，可力气特别大，五个人都控制不住他，还一个接一个被他摔倒在地。我从窗户看到外面发生的一切，但由于头重脚轻，根本无法走出房间。另一位出家人带来 3 升温水，我一次灌饮大量的水，然后再呕吐出来，以此清洗肠胃，这才感觉好受了一点。

这次经历发生在我在乌德尔格希的乌贾利静修处（Vjaili Ashram）期间，那位草药师给我上了刻骨铭心的一课——幻觉不是开悟，开悟不是幻觉。

挂十字架的苦行僧

在印度，修行者有时候会穿白色的袍子或褐色的粗布衣，但是当他们剃度出家时，都会拿到橘黄色的僧袍。橘黄色僧袍代表了火的颜色。只有在智慧之火中把世俗的一切欲望都烧尽了的人，才准许穿这种僧袍。也有一些高僧不穿这种袍子，不受这些形式的拘束。他们会穿白袍，把毯子围在身上，或者穿褐色的粗布服。对他们而言，穿什么布料并不重要。

我们寺庙中曾住过一位高僧，他身穿橘黄色僧袍，脖子上却挂着一个十字架。看见他的人无不感觉奇异。事实上，他是被一个梦带到喜马拉雅山来的。当他还年轻的时候，曾经连续几天晚上都梦到同一个景象，他不知道那究竟是什么样的梦，是要来引导他，还是伤害他？他梦见有一个人叫他起来去喜马拉雅山。他试着不睡，但是到后来总是不敌睡意而闭上眼睛，然后又会梦到那个景象，听见一个声音在说："你是否打算要听我的话？我是来救你的。你没有别的路可走。"

他不知道来找他的究竟是谁，去问别人也是意见纷纭，有人说是西方的圣人，也有人说是东方的圣人。

终于有一天，他没有对任何人讲，悄然离开了自己的家园，前往喜马拉雅山，来到我们的岩洞。于是人们经常会看见匪夷所思的一幕：夜晚，岩洞内，一堆篝火，一名牧师，几个和尚，他们围坐在师父身边，听他讲《奥义书》。还有清晨，在恒河岸边，一名牧师在打坐，练习冥想。

这位苦行僧是饱学之士，他懂英文、梵文，以及大部分南印度的语言。他的生活方式和印度出家人的生活方式完全一样。

他对于西方文化非常了解。每次他去马德拉斯（Madras），总会有好几万人聚集在海滩上听他弘法。还有人专程从欧洲飞过来，就为了听他的演讲。

他介绍西方文化给我听，也教我《薄伽梵歌》，他说：“东西方文化都排斥欲根，认为那是从人类低层次的心智中涌现出来的。但是，我们却可以通过一些方法将低层次的欲望淬炼为对无我的追求。西方文化采取的是无私的爱，而东方文化采取的是静坐冥想，他们都强调自律、锻炼、奉献，在大方向上是没有太多分别的。”

第9章

喜马拉雅山中的开悟者

开悟之人最显著的特质之一，

是无我。

他们会展现出极大的慈悲心、
利他心。

若是少了这个特质，

即使他说得再天花乱坠，

也不是真正的开悟者。

用钱来垫屁股的圣者

有位著名的瑜伽大师名叫尼姆·卡罗里巴巴，在我很小的时候就和他成了朋友。他住在奈尼塔尔——喜马拉雅山区著名的度假胜地之一。他过着“半入世，半出世”的生活。当有人来找他时，他会说：“好吧，现在我见过你了，你也见过我了，哈、哈、哈……”意思是：“走，走，走，走。”然后他就拉起毯子将自己盖起来。这是他的习惯。

有一次，我们正坐着聊天，一位印度大富豪带着一大捆钞票来见他，说：“先生，这是我带给您的。”

巴巴把钞票铺开，坐在上面，说：“它们当坐垫不太舒服，我又没有火炉，不能烧来取暖。它们对我没有用处，我该拿它们怎么办呢？”

“先生，这是钱啊！”富翁说。

巴巴把钱退还给他，请他买点水果。

这位富翁说：“先生，这里没有市场。”

“那你怎么能说这是钱呢？”巴巴说，“要是不能买水果，在我看来这就不是钱了。”之后巴巴又问：“你想要从我这里得到什么？”

“有件事让我头痛。”富翁说。

“那是你自作自受。”巴巴说。

“先生，我是来求您帮忙的。”富翁可怜兮兮地说道。

巴巴动了恻隐之心，说：“好吧，我教你一个冥想方法，你经常

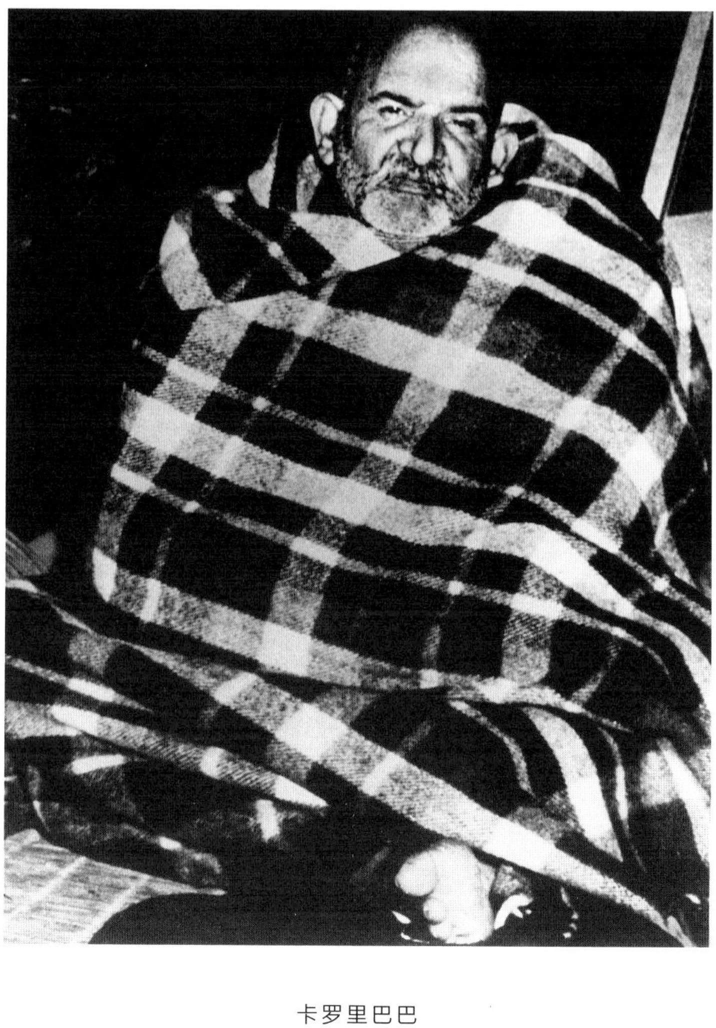

卡罗里巴巴

练习以后就不会再头痛了，但是从今以后，或许你会是一个让别人头痛的家伙，你会变得非常有钱，富得流油，以至于整个社区的人都会为你感到头痛。”

结果，他的确成了一个令人头痛的人，至今依然如此。

有钱能使人在世上过得舒适，这是不错的。但是多余的钱，也会成为痛苦的根源，这话也不假。

卡罗里巴巴在印度广受人尊敬。民众使得他连休息的机会也没有，他们跟着巴巴一村又一村、一山又一山地行走，他的言谈举止很神秘。

我跟巴巴一起，有过许多喜悦、奇特的经验。说来你或许不信，但只要见过他的人，就知道我在说什么。一天，一位20多岁的男子来见他，诉说了自己的苦恼。这名男子已经成年，但仍然有尿床的毛病，尝试了各种医疗方法都没有效果。卡罗里巴巴对他说：“每天晚上，你睡觉前，想象自己是一只美丽的白天鹅，漂浮在宁静的湖面上。湖水清澈见底，湖面没有一丝波浪，你感到非常放松、平静和舒适。”男子坚持这样做了几天，他的夜尿症竟然奇迹般地消失了。

卡罗里巴巴已经进入了很高的境界，他能将冥想巧妙地运用于生活，化解人们心中的焦虑、恐惧和烦恼。

玛塔吉婆婆

有一次，我去阿萨姆邦（Assam）拜见玛塔吉婆婆，她是一位伟大的瑜伽女士，被称为瑜伽圣母。当时她已 96 岁了，住在卡马加庙（Kamakhya）隔壁。虽然很多人都渴望去那个地方,但由于地方偏僻，真正付诸行动的人并不多。

我从加尔各答出发，几经转折，最后徒步去卡马加。当时已经入夜。我在黑暗中跌跌撞撞，多次绊到脚趾。当我到达寺庙时已是深夜。庙旁有三四栋小木屋。庙里的僧人要我住在玛塔吉婆婆所住的同一栋小木屋的二层。我的房间有很多破洞和裂缝，老鼠和蛇都可以爬进来。虽然可怕，但也没办法。我四处找来一些布条，把洞口堵住，便在这个房间度过了两个月。初来的时候步步惊心，后来也就见怪不怪，泰然自若了。

这位老妇人白天不出门已有 20 年了。不过，她却经常在半夜和凌晨三点去庙里。头四天晚上我都待在自己的房间里。第五天晚上，我出门去了寺庙。那是一个月光如水的夜晚，刚到寺庙门口，我就听见有人在里面诵念真言。正是那位老妇人独自坐着，身旁点着一盏油灯。

当她发现我在北门外时，厉声喊道：“别进来！你会送命的，我是圣母，滚出去！”

我很害怕，但同时也很好奇，想知道小庙里到底发生了什么。我往里一看，她却直冲过来。她全身赤裸——闪亮的皮肤包裹着一袋骨头。她的眼睛宛如两盆烈火。

“走开！你为什么要看我做事？”她喊叫道。

我满怀敬畏地鞠了一躬，以为她会平静下来，谁知她却用拐杖打我，把我赶了出来。我只好沮丧地回到自己房间。

第二天早晨，瑜伽圣女要我到她房间，跟我谈话。

“我需要您的祝福。”我说。

她沉默了一下，然后喃喃呼叫我的小名。除了师父，我的小名是谁也不知道的。她拥抱我，让我坐在她的膝上。那个时候，我真不知道自己身在何处，若是有七重天的话，我会告诉你，我就在天上。

她抚摸我的头，祝福我说：“虽然人生之路上会遇到许多障碍，但都会过去的，带着我的祝福去吧。”

“我想多待些时间。”我请求道。

她同意了。

我问她清晨三点钟一个人在庙里做些什么，她说：“我在膜拜，我不希望有人在半夜和凌晨三点钟靠近我。”

她允许我每天晚上陪她坐半个小时。当我坐在她面前时，感觉整个意识都在提升，就像我坐在师父面前一样。在我心中，我把她当成师母，有很多问题想问她。她示意要我保持静默。我听从她的话。可是在缄默中，我却得到了答案。这种静默比任何其他方式的教学更能互相沟通。最高明的老师多在无言中传授知识。

她是一位非常强大却又很温柔的老妇人，有着巨大的意志力。我察觉到，无论她说什么，都会成真。有人来求助时，她的话很少，总是简短几句。“去吧”“它会来的”“祝福你”，然后她就进房间里了。

听说她晚上从不躺下来睡觉，而是整夜盘腿静坐，保持冥想打坐的姿势。我曾从她的门缝里窥视，看了三天三夜，结果她真的没躺下睡过觉。

一天，我对她说：“玛塔吉，如果您躺下来，我可以轻轻帮您按摩，这样您也好入睡。”

她哈哈笑道：“睡觉？我不用睡觉，我早就不再懒散地躺下了，我喜欢无眠之眠，所以不需要躺下来睡觉。我享受瑜伽睡眠法。”

接着，她给我分析了整个睡眠的过程。问我是否知道人是如何从意识状态进入梦境状态，然后又进入深睡眠状态。她详细教导我。这之后，我才明白《蛙式奥义书》中所述，人有四种心识状态：清醒、梦境、深眠，另外还有一种被称为“完全平静的超意识状态”。《蛙式奥义书》是《奥义书》中最重要，也是最难懂的一本。我把她教导的话写在日记里，有 70 页之多。她温和缓慢地讲解，既没有重复，也没有错误。这部《蛙式奥义书》以前我只有理论上的理解，没有实际感受。直到我开始练习在“超越状态”中保持意识，才真正了解。

两个半月匆匆而过，离别的时候到了。我非常难过。她却说：“不要执着于我的形象或个人。要提升你的意识，不断超越自己。”我眼含泪水，望着她。她说：“记得要无所畏惧，我与你同在。”我向她告辞，又回到喜马拉雅山的住处。师父对这位婆婆推崇备至。她从 12 岁起就住在寺庙附近，活到 101 岁。

长寿的技巧，是一种呼吸的技巧

有一位名叫德芙拉哈巴巴的瑜伽大师，住在北方邦的东部地区。几乎每年夏天，都会到喜马拉雅山的庙里住上几个月。

据说他非常长寿，印度首任总统普拉萨德博士跟我说，他可以证明这位巴巴至少有150岁了。他说，小时候他的父亲曾带着他去见这位巴巴，当时巴巴就已经很老了。普拉萨德博士谈起这件事的时候，也至少有70多岁了，而巴巴依然健在。他的话引起了我的好奇心。所以在巴巴上山途中，我特意去拜见他。

他所到之处，别人就临时用松木搭建小屋给他住。有时候，他也住在树上的屋里。他看起来相当健康，似乎只有70来岁的样子，外表严肃高雅，不让学生碰他。不过，有时候他也会演讲，谈论慈悲。他在北印度，享有盛名，每逢他演讲总是人山人海，大家都想要一睹他的风采。他拥有大批追随者，警察及其他的政府官员都来拜访他，希望能得到他的福佑。我有几个美国学生于1974年在赫尔德瓦尔的孔巴美拉节庆期间拜访过他。

我想找出他长寿的秘诀，比如，他修炼某些瑜伽，从不间断，而且只吃水果和蔬菜。瑜伽有很多特别的练法，每个人可各选所需。

我跟巴巴谈话时，他说道："快乐是最大的财富，按时作息，是少不了的条件。练习高级的呼吸法，也同样重要。长生不老的技巧，是一种呼吸的技巧。"

巴巴的话令我受益匪浅。呼吸是生命之根，因为我们的心肺、大脑和自主神经系统等都需要依靠呼吸才能正常运转。与此同时，呼吸还是身体与心灵之间的桥梁。当我们情绪紧张、焦虑时，呼吸会变得浅而急促；当我们恐惧时，会吓得大气不敢出，无意识地屏住呼吸。情绪会影响呼吸，而呼吸又会影响身体系统的运行。人体内的许多系统都受潜意识的控制，如呼吸系统、血液循环系统、内分泌系统、泌尿系统、免疫系统、体温调节系统等，这些系统是由自主神经来调节的，是意识无法管控的。不过，我们却可以通过调整呼吸来调节自主神经，协调身体的所有机能。所以，掌握了呼吸的技巧，就能让意识深入潜意识，将身、心、灵连接在一起。

在日常生活中，对大多数人来说，他们采用的是胸式呼吸，即用胸部肌肉来进行呼吸。这种呼吸经常是急促、短浅、不规律的，仅仅使用了肺部容积的一部分，不能够让肺与血液进行足够的气体交流，因而是不完整、不充分的。我们要练习平稳的横膈膜呼吸法，即让所有的吸气和呼气都通过鼻孔而不是嘴来进行，整个过程非常安静。吸气时充分扩展，呼气时完全清空肺部，虽然呼吸的频率变慢了，却更高效。每一次呼吸都能带来更多的空气和生命能量。

横膈膜呼吸法可以采用稳定的站姿、坐姿或仰躺三种方式。仰躺时，将双手置于身体两边，掌心朝上，双腿稍微分开，也叫"摊尸式"。呼吸时应安静无声，待完全将气呼出后，立即吸气。呼与吸

德芙拉哈巴巴

之间暂停的时间间隔要缩到最短。呼气的时间是吸气的两倍。切记，要用鼻孔呼吸，不要发出声音。

曾经有人问印度瑜伽大师迦比尔：“请告诉我，什么是神？”

“他是呼吸中的呼吸！”迦比尔回答。

鬼湖与隐士

有一个神秘的村落叫杰南甘杰，我听说并读过很多关于它的故事，强烈地渴望去那里一探究竟。很多人都听说过这个地方，也踏上了前往的道路，但真正到达的人却少之又少。

这个村落被白雪皑皑的山峰环绕，非常美丽宁静，一年中有八个月无法进出。一小群瑜伽行者一直住在这里，他们保持沉默，将大部分时间都花在打坐冥想上。他们住在小木屋中，主食是可以全年储存的土豆和大麦。

我决定和另外四个出家人一起前往中国的冈仁波齐山，再从那边去这个村落。我们由阿尔莫拉出发，几天之后，我们在中国西藏的拉昂错湖迷了路。时值七月，喜马拉雅山上的积雪开始融化。每年这个季节，冰川都会快速移动，有时甚至会整个崩塌并堵塞道路。路过的人可能好几天被困在原地，无路可走。

我们在行走时，不幸碰到冰川崩塌，挡住了前后的道路。我已经习惯了这种突然发生的灾难，但其他的人没有经历过。他们非常害怕，开始责怪我，因为我来自喜马拉雅山。

他们说："你应该清楚会发生这种状况，你是来自山区的人。你带错了路。我们没有食物，路又断了，天气这么冷。我们快死在这里了。”

我们被困在巨大的拉昂错湖边，这个湖又被称为“鬼湖”，因湖水不能饮用，且湖边的植物很少而得名。由于积雪融化和雪崩，湖面水位开始上涨。

到了第二天，大家都陷入了恐慌。

我说：“我们不是普通人。我们是出家人。我们应该快乐面对死亡，恐慌是帮不了我们的。”

他们开始念诵真言和祈祷，但似乎没什么用。此时正是考验信念的时候，但他们根本信心不足。他们害怕被埋在雪中。

我开玩笑说：“假如你们都死了，你们的寺庙、财富、追随者怎么办？”

“我们可能会死，但首先我们会看到你死。”他们说。

我开玩笑的话，以及我满不在乎的态度，使得他们更加气愤。

很少有人懂得如何用幽默应对危难。大多数人遇到逆境时会变得非常严肃。幽默是一个重要的品质，可以使人在任何情况下，都能保持愉悦的心情。

当苏格拉底被判死刑，毒药被送到他面前时，他仍然保持幽默，还开了几个玩笑。他说：“我可以跟众神分享一点吗？”然后他又笑着说：“毒药杀不死圣人，因为圣人生活在真实中，而真实是永恒的。”随即他微笑着服下毒药。

我对那几位出家人说：“只要我们命不该绝，只要我们走在正确的道路上，我们就会得到保佑。我们何必担心呢？”

斯瓦米·拉玛，摄于前往冈仁波齐山途中

天色开始变暗，雪又开始飘落。

突然，一个身穿白袍，提着灯笼，留着长须的男子出现在我们面前。

“你们迷路了吗？”他问。

“我们困在这里快两天了，既没得吃，也找不到出去的路。”我们回答道。

他叫我们跟着他走。原本那场雪崩看起来根本无法走出去，可是我们跟着他，居然走到了另一边。他带我们去了几千米外的一个村庄，告诉我们可以在那儿过夜。然后他就离开了。我们当晚借宿在这个村庄中。第二天，那四名出家人拒绝与我同行，他们怕遇到更多危险，不愿意再往深山中前进，折返回去了。我向村民问了路之后，就独自朝杰南甘杰走去。

到了杰南甘杰，有位好心的苦行僧让我住进他的木屋。我向他谈起那位拯救我们的男子时，他说，在喜马拉雅山的高海拔地区，有一些隐士，他们已经净化了自己的心灵，有了高层次的智慧。他们到处云游，给人指点迷津，救人于危难。

苦行僧的话令我想到：生命是有不同维度的，这些高维度的生命，做事不可捉摸，显得神秘，是常人难以理解的，只能用超个人心理学或超心理学来理解。

我在杰南甘杰待了一个半月，这个地方被高耸的雪峰所环绕，是我见过最美丽的地方之一，也是最适合打坐冥想的地方之一。

雪山崩于前而色不变

在我一生所去过的地方中，没有比根戈德里更迷人的了，那里的高山终年被积雪覆盖。

在我年轻的时候，那里有 30 ~ 50 名瑜伽行者，他们住在恒河两岸的小洞穴里，大多数人一年四季不穿任何衣服，有的甚至不使用火。

整整三个冬天，我一个人住在一个小山洞里，距离我师兄所住的洞穴约 400 米，我很少跟人交谈。住在那里的人可以远远地看到彼此，但没有人打扰其他人，也没有人对社交感兴趣。那是我人生中最充实的时期之一。我绝大部分时间都在冥想，用以维生的食物是小麦和鹰嘴豆。我将小麦和鹰嘴豆浸泡在水中，两天后发芽时，加上一点盐巴。这是我唯一吃的食物。

附近的一个山洞里住着一位受全印度景仰的圣者，名叫克里希那什拉姆。一天晚上，12 点左右，一阵震耳欲聋的声音惊动了我，像是许多炸弹爆炸了一样。那是一场雪崩，而且非常近。我从洞穴里出来，想看看发生了什么。那是一个月夜，我可以看见冰冻的恒河对岸克里希那什拉姆居住的地方。当我看见雪崩发生的地方时，

年轻的修行者斯瓦米·拉玛，摄于根戈德里

我得出结论：克里希那什拉姆被埋在了雪下面。我赶紧穿上长袍，拿着火把，冲向他的洞穴。那一段恒河只是一条狭窄的溪流，我很容易就到了对岸，却发现他的洞穴安然无恙，没有受到任何影响。他坐在那儿，面露微笑。

他正处于禁语期，所以就指指上面，嘴里发出“嗯，嗯，嗯，嗯”的声音。然后他在一块板子上写道：“没有什么能伤害我，我能活很久。这些噪声和雪崩吓不到我。我的洞穴是受到保护的。”

看见他没事，精神也不错，我就回到自己的山洞。早上，当我看得更清楚时，才发现雪崩是从他的洞穴两侧倾泻而下。高大的冷杉树完全被雪掩埋了，只有他的洞穴完好无损。

我经常在下午两点到五点之间去拜见克里希那什拉姆。我会问他问题，他会在石板上写字回答。他的眼睛炯炯有神，他的皮肤如同大象的皮肤一样厚实。他快 80 岁了，身体依然非常健康。我想知道他是如何在没有毛衣，没有火，没有任何御寒东西的情况下活下来的。

克里希那什拉姆没有任何财产，一位出家人会定期给他带来食物。他每天吃一个烤土豆和一块全麦面包，还会喝一些绿茶。他大部分时间都在山洞中打坐冥想。冥想使他内心平静，无所畏惧，超越了生死。

第10章

生死课

生是一个点，

死是另一个点，

生命是介于这两点之间的一条线，

而生命未知的部分在这条线之外。

死亡是生命的一个门槛，

通过深度冥想，

你可以跨越这个门槛，

丝毫不恐惧。

我又一次被骗了

有一次，我在讲一堂关于“生与死”的课，有位出家人静静地走进来，跟学生坐在一起。我想他大概是初学者，所以便把他视为一般的学生。学生们都在用心做笔记，而他只是在一旁微笑，一直在笑，这让我有些不快。

最后，我问他：“你在听我讲吗？”

“你只会讲‘生死’，而我却可以操控生死，捉一只蚂蚁来，我示范给你看。”

有人捉了只大蚂蚁来。他将蚂蚁切成三段，分了开来。然后，他闭上眼睛，动也不动地坐着。过了一会儿，这三段便相互靠近，接在一起，活过来的蚂蚁仓皇逃走。我心里明白，这不是催眠术之类的东西。

在这位出家人面前，我顿觉自己渺小，尤其是在学生面前，我十分尴尬。因为我只懂书本上的东西，既没有亲身的体验，也没有操控生死的能力。

“你从哪儿学来的？”我问。

“你师父教我的。”他回答道。

为这件事情，我对师父很生气，立刻去见他。他一见到我就说：“你怎么啦？为什么又让怒气控制了你？你依然是暴烈情绪的奴隶。”

“有些东西你宁肯教别人，也不传授给我。为什么？”他望了我一会儿，然后说：“你被那个人骗了，他那套骗人的把戏不是我教的。你在教别人生死课，难道你真的相信有人可以掌控生死，让死人复活吗？”

我若有所悟。师父接着说：“出生是一种到达，死亡是一种离开，在这段旅程中，你只是这个世界上的一个过客。冥想能帮助你看清这个现实。当你探索内在的维度，逐步了解生命的各个层面之后，你就不会再害怕死亡了。要知道，**即使是偶尔的打坐，也可以让一个人摆脱对死亡的恐惧。**”

我与死亡有个约会

我 7 岁时，家族的一位亲戚从瓦拉纳西请来几位算命先生给我算命。

当时我正好站在门外，能听到他们的谈话。他们一致认为："这个孩子只能活到 28 岁。"甚至连具体的死亡日期都算了出来。

我难过得哭了起来，我想：我的生命如此短暂，什么也没做就死了，我该怎么办呢?

这时我的师父来了，他问我："你为什么哭？"

"我要死了。"我告诉他。

"是谁告诉你的？"他问。

"这些人。"我指着屋内聚集的几个算命先生说。

他拉着我的手，说："来。"

他带我进入屋内，质问算命先生。

"你们当真说这孩子会死于 28 岁？"

"是的。"他们异口同声。

"你们肯定？"师父问。

"是的，他那个时候会死，没人可以阻止。"他们坚持说道。

“一群凡夫俗子，世界上的事情充满了不确定性，岂是你们所能算定的。”师父对算命先生们说。

然后他又转身对我说：“不要相信他们的鬼话，那是骗人的。”

其后的岁月中，我把那个预言忘得一干二净。

在我28岁那年，师父要我前去一座山的峰顶，那座山海拔3 000多米。他要我去那儿做一个仪式。我脚穿木屐，身上围了腰布和披肩，随身带了一个水壶，其他什么都没有。我习惯在山间自由行动，山就是我的家。我曾经登上过7 000多米的高山，所以我有信心不靠任何特殊装备，就能登上任何一座山。

那天，我唱着歌，独自走在峭壁上，周围尽是松树。忽然，我在松树落下的针叶堆上踩滑了，开始翻滚下山。我想，这下自己要没命了。但是，就在我滚了大约150米之际，我被一堆带刺的灌木丛给拦了下来。一根尖锐的灌木枝刺进了我的腹部，才把我挡住了。下面是陡峭的深谷。灌木丛因为承受了我的重量而开始上下摆动：我一会儿看见山，一会儿看见下面的恒河。我闭上了眼睛。当我再睁开眼睛时，我看见血正在从灌木枝刺进我腹部的地方流出来。我对疼痛毫不在意，因为更大的问题是死神的临近。

我把自己所知道的真言都用上了。我拜访过许多不同的寺院，学过各种真言，但是没一个有用。我在心中呼唤：苍天啊，请救救我吧！但也没有得救。只有一样东西我还没有试过——就是我的勇气！当我开始鼓起勇气时，我想：我不会死的，我一定能够活下来。

我悬挂在灌木丛上，大概有20分钟之久。接着，我记起师父曾经告诉过我：“我不要你养成一种习惯，就是动不动就求救于我，你要求助于你心中的信念和勇气。”

因为失血过多，我开始感到晕眩。周围的一切变得迷蒙，然后我失去了意识。后来，我听见上面的小路有女人的声音传来。她们是来山上采草，捡拾一些根茎去喂牲口的。其中一人往下看，看见了我。她喊出声来：“瞧，有个死人！”

我想：假如她们以为我已经死了，就会弃我而去。我该怎么和她们沟通？我是头朝下脚朝上倒挂着。她们离我有100多米，我无法说话，就开始摆动我的腿。

她们说：“看，看，他没死，他的脚在动，一定还活着。”她们是勇敢的妇女，爬下来用绳索绕在我腰上，要拉我上去。

但灌木枝还插在我体内。我想：“这可真到了要求助于勇气的时候了。”我压下胃部，然后把灌木枝从腹部拔出来。

她们把我拉上去，带我回到山上的小径，问我是否还能行走。

我说：“行。”一开始我还没意识到自己的情况有多严重，因为灌木枝所造成的伤害是内伤。

她们想，既然我是一名出家人，应该可以照顾自己而不用她们帮忙，于是告诉我沿着小径可以走到一个村落后，就和我分手了。

我试着行走，但几分钟后就因体力不支倒下了。忽然，我想起了7岁时算命先生对我的预言，心中充满绝望，眼泪忍不住流了下来。我喃喃自语：“师父，我恐怕不行了。您把我带大，能帮我的都帮了。但我还没能开悟，就要离开这个世界了。”想到这些，我的心沉到了谷底，仿佛被无尽的黑暗所吞噬。

忽然，一个温暖而熟悉的声音从心底深处传来，那是师父的声音：

“孩子，不要害怕。每个人随时都游走在生与死之间。回想一下，从小时候到现在，你经历了多少次病痛和险情，但都挺了过来。只要你心中有坚定的信念，有活下去的意志，你就不会被击倒。”

师父的话如同一股暖流，涌入我的心田，驱散了我心中的恐惧和绝望。我逐渐恢复了体力。两个星期后，虽然留下了伤疤，但我的身体已经复原。

这次经历让我明白，死神就像一只秃鹫，时刻盘旋在我们的头顶，伺机而动，寻找那些意志薄弱的人下手。但是，只要我们意志坚强，死神就会望而却步，远离我们。

生和死不过是两个逗号

以前我追随师父，是因为他对我有养育之恩，但对于他的教诲，并不令我信服。每当我平静下来时，内心总会产生许许多多的疑问。师父叫我去拜访其他修行之人。起初我认为，这些人都是无用之人，只知道躲藏在山中，坐在树下发呆，什么事情也不做，拜访他们完全是在浪费时间，还很无聊。他们为什么要这么做呢？慢慢地，我了解到，人只有先学会怀疑自己的怀疑，然后才能够弄清楚真正疑惑之事。

17岁那年，师父派我去见一位瑜伽大师，我当时并不知道他也是我师父的弟子。师父告诉我："如果你想学点儿真东西，就到他那儿跟他住在一起。"我一口气跑到根戈德里，在一个山洞里，看见一位正在打坐冥想的瑜伽行者。

我从来没见过人有如此健美的身形。那个时候，我很喜欢锻炼身体，非常羡慕他有宽大的胸膛、细窄的腰身、结实的肌肉。更令我惊讶的是，他已经85岁了。

我礼貌地打完招呼后，第一件事就是问他有没有什么东西可以吃，那时候我满脑子想的都是吃。读大学后，我的生活方式开始西化，学校每天都会提供各式各样的美食，吃完这一顿，我又想下一顿。

“你饿了吗？”瑜伽大师问。

“是的。”我回答道。

“洞中角落里有一些薯类，你拿一个埋在火堆中，几分钟后就可以吃了。”他说。

我照做了，发现的确非常好吃，那味道就像淋了牛奶的西米布丁，但我没法儿吃下一整个。知道在这里住下来能有好吃的后，我心满意足。

吃完之后，大师对我说：“你来这里学东西，但我不会用语言来教你，我对你要行的是不言之教。”我跟他一起静坐了三天，一句对话也没有。第三天，我想这样的静坐一点意思也没有，不仅浪费时间，还浪费精力。他什么也没教我。正当我这样想时，他开口说：“孩子，你被送到我这里来，可不是要学那些书本上的知识，你来这里是要经历一件事。我后天就会坐化，抛下自己的身体。”

他谈起死亡时，如此平静，就像自己非常愿意一样。对此我难以理解，一个人为什么要心甘情愿放弃自己的身体。我说：“这是自杀，像您这样的人自杀是不好的。”这是我从大学里学到的东西。

他说：“这不是自杀，只是把一本书旧的封面换成新的，并没有毁掉这本书，犹如换个枕套，不会毁掉枕头一样。你不要只看到我的这副皮囊，要看到更多的东西。”

对于 17 岁的我而言，这是不可思议的。我说：“您有一副健美的身体。如果我的身体有您一半健美，我就知足了。为什么您要丢下它？这样不好，是罪过。”我觉得我是在对他说教。

他听完后，很长时间没有回应。

过了一会儿，师兄也来到洞里。我吃了一惊，大声问道：“你怎么也来了？上次见到你时，你还在很远的地方。”

他悄悄把我拉到一旁，说：“不要打搅他。你问他的问题非常滑稽。你不了解瑜伽大师，让他安详地离开他的身体吧。”

但我还是争论道：“他有那么好看的体形，为什么要离开呢？这可不是瑜伽，根本就是在自杀。如果不是因为警察离这里太远的话，我一定会叫警察来逮捕他。这是犯法的行为。”

不管师兄怎么说，我依然满腹疑虑，不赞同。早晨和黄昏，我与师兄到河边沐浴时，我总是不断唠叨：“有这么健美的身体，就应该让人看看，学习如何健身。他却说不要只看到他的身体，要看到更多东西，但是，看什么呢？”

师兄要我先冷静下来，他说：“别激动，你要学的东西还很多。我们要敞开心灵，才会有了解的机会。生命有太多的奥秘啊！”

那位瑜伽大师还是不和我说话。又过了 24 小时后，我对师兄说：“我从静默中学不到任何东西，我想走了。”

“你为什么不留下来见证他坐化的全过程呢？”师兄说。

“这根本是荒谬之事。我宁愿死在医院里，也不死在山洞里，因为在医院里有医生的照顾。这真是愚蠢的行为。”我说。

那时我完全是一个愣头青，满脑子现代化、物质化的概念。

师兄说：“你不懂，叫你来这里，你就好好静坐。要吵你自己在心里面吵好了，那是你自己的事情，谁也管不了。你要离开，请自便。我无法阻止你，但不要干扰我从静默中学习。”

终于，瑜伽大师开口了：“事实上，我什么都没有做。时间到了就该走了。要知道，**我们不应该站在自然的道上不动。**死亡是自然的一部分，没有人能够阻挡自然规律，所以我们不应该畏惧死亡，要顺其自然。你懂吗？”

“我不想死，所以我也不想懂。”我说。

“这样的心态可不好。要试着去了解究竟什么是死亡，不要怕它。我们对很多东西感到害怕，那可不是生活之道。死亡不会毁灭你，只是把你和一个身体分开而已。”他说。

“没有了身体，我怎么活。”我反驳道。

“死亡，是身体的一个习性。没有人能永远活在同一个身体里。身体会变化、死亡、腐朽，你要了解这一点。很少有人知道从自己对生命的执着中解脱出来的方法。这个方法叫作瑜伽，不是现在流行的那种瑜伽，而是最高境界的禅定。一旦你学会禅定的方法，就可以掌控自己的身、心、灵了。身体与心灵的连接靠呼吸，呼吸停止了，连接也就断了，这种分离谓之死亡。但你还是存在的。”他说。

“没有了身体，要怎么去感觉自己的存在？”我问。

“你没有穿衣时，是什么感觉？是空灵，是了无障碍。”他回答道。

但不管他怎么说，在哲学和逻辑上都无法让我信服。

在坐化的前一天，他指示我们：“明天一早，五点钟的时候，我会离开我的身体。我要你们把它沉入恒河中。你们俩一起做，好吗？”

“当然！我一个人就可以！”我回答道。

为了证明我能做到，我凭一己之力把他抱了起来。恒河距离这里不远，只有几百米。

那天晚上，我没有睡觉，一直在想，这个人为什么如此对待死亡呢？通常我们三点起床，因为凌晨三点到六点是打坐最好的时间。

但是那天早上我们提前醒了，并开始交谈。

瑜伽大师说："告诉我，你们想要什么？无论你们要什么，我都答应满足你们。"

"您都要死了，还能为我们做什么？"我回答。

"孩子，生命是一次旅行，要享受过程，而不要执着于结果。死亡并不是生命的终点，而是一个新的开始。每一次死亡，都是一次重生。对于一个好的瑜伽行者来说，即使身体死亡了，他的精神依然可以继续指导别人。"他说。

然后他转头问师兄："他是不是让你很头痛？"

"可不是吗，但我能怎么办？"师兄说。

五点到五点半之间，我们还在交谈，瑜伽大师突然说："时间到了，现在静坐。我五分钟内就会坐化。这个叫作身体的皮囊已经不能再给我什么了，我要放下它了。"

五分钟后，他唱诵着："嗡……"然后一片寂静。

我去检查他的脉搏和心跳，心想："也许他的脉搏和心跳只是暂时停止了，过一会儿还会再呼吸的。"接着，我又检查了他的体温、眼睛，还有其他。

"够了，够了。我们要在太阳升起来之前，将他的身体沉入河中。"师兄说。

"不麻烦你，我一个人就行。"我说。

"我要帮忙。"师兄说。

我们试着把他抬起来，却发现他好像粘连在地上一样，根本抬不动。我们找来一根松树的枝干塞到他大腿下面，想把他撬起来，但同样做不到。我们花了一个小时，也没能移动他的身体。

接下来发生的事情，让我终生难忘。

就在太阳升起来的前几分钟，我仿佛听见有人说："现在你们可以抬走他了。"可是周围没有人。我想：也许是我想象出来的。

师兄也在四处打量。

"你有没有听到什么？"我问。

"是的，我也听到了。"师兄说。

"我们是不是产生了幻听？"我问。

令我大为震惊的是，当我们再去抬瑜伽大师的身体时，他的身体很轻，我和师兄很轻松就将其沉入恒河之中。

这次亲身经历一个人的死亡过程，震撼了我的灵魂，让我深深地感受到了生命的神奇，也彻底改变了我对生与死的认知。生命的每一个片刻，都是独特和宝贵的，尤其是死亡的那一刻。我们都是宇宙的一部分，生命循环是宇宙法则的一部分，理解这一点，才能找到内心的平静。练习瑜伽就是为了在生死之间找到平衡，理解生命的无常，接受死亡的必然。**当我们对死亡没有恐惧时，生命才能真正自由。**如今，人们会满怀欣喜地迎接一个生命的诞生，但对于死亡却讳莫如深。可不了解死，怎么知道生？死亡这件事还有很多奥秘没有揭示。

生命是一条直线，已知的部分在生死两点之间，在此两点之外的部分还是我们所不知、所不见的。如果人能提升意识的维度，了解生命不可知的部分，就会惊讶地发现，生死不过是一个巨大句子中的两个逗号，仅此而已。

懂生，也要懂死

诗人泰戈尔在《飞鸟集》中说道：“死亡不是灯灭了，而是熄灭了灯，因为黎明已经到来。”

瑜伽行者都认为，身体就像是一件衣服，丢弃一件破衣烂衫，没有什么可惋惜和可害怕的。通常瑜伽行者死亡时，一切都显得那么平静与神圣，仿佛一阵轻风拂过水面。

在阿拉哈巴德举行瑜伽大会期间，我有幸看到了这一幕。当时我住在位于恒河岸边的一间花园房舍内。大约在凌晨三点左右，我接到通知，瑜伽大师维奈·玛哈拉贾将要坐化。这位大师是我师父的弟子。

接到通知后，我立刻赶到他住的小屋，在那里他和我聊了半个小时，讨论吠檀多的高级修行。当时在场的还有六位瑜伽行者，他们环绕着坐在他的身边。他的眼神清澈如水，透出一股深邃的宁静和智慧。他为我们讲解了坐化的技巧后，四点半一到，他向我们道别，说：“祝福你们，我们将在彼岸重逢。”然后他就进入了冥想。他闭上双眼，一动不动。不久，我们听到“咔嚓”一声，这个声音源自他的头顶，是头盖骨裂开的声音。之后，我们将他的遗体沉入恒河。

现代人懂得怎么吃喝、怎么说话、怎么穿衣、怎么在社会中生活，也懂得怎么顺产、怎么无痛分娩。他们知道如何面对生，却没有学会如何面对死。当死亡的时刻来临时，他们变得十分恐惧、凄惨、悲凉。当今社会虽然发展迅速，但对于生与死的许多秘密却是一无所知。因为人们还没有发现自己内在的根源。

死亡是身体必经的转变。临终之人都应该接受心理上的训练，来认识那一刻。死亡是不可避免的，其本身并不痛苦，但对死亡的恐惧却会让临终之人产生巨大的苦痛。现在我们都在教育人如何获得成功，却没人传授如何克服死亡带来的恐惧。

生命借助身体表现出来，在身体中产生一股强大的力量，叫作欲望。欲望潜藏在身体内，就像一条在水下穿梭的鲨鱼。

欲望在寻找身体，身体也在寻找欲望。

但是在身体和欲望相互追逐的湖面之下，还有超越欲望和身体的东西。许多人只看见了欲望的层次，而不能了解更深的，所以一直无法突破表象的束缚。

如果我们能够潜入生命更深的层次，也就穿越了欲望和身体，不再对死亡怀有恐惧。

身体的死亡就像喜马拉雅山中凋零的花朵，一岁一枯荣，而那肥沃的厚土才是花之根。

一个看落日的人

一个晴朗的早晨，我和师父坐在洞外。突然，师父说：“你必须乘公交车，公交车站离这里十多千米，所以你要即刻动身。”他经常在我毫不知情的情况下，叫我立即动身去某个地方。有时候我不知道为什么，到地方后才明白。

他站起身来，拿起我随身携带的水壶，说：“坐公交车去赫尔德瓦尔火车站，然后从那里去坎普尔。米特拉医生需要你的帮助。最近他的抑郁症很严重，自杀了好几次。”

“我该做什么呢？”我问。

“你什么也不用做，只是请他看落日就可以了。尽快前去。”师父说。

虽然路途遥远，但我无法抗命。

我离开岩洞，在路边等车，公交车司机看到路边等车的是出家人后，通常都会免费载他们一程。我在赫尔德瓦尔火车站下了车，发现身上没带钱。而去坎普尔的火车还有半个小时就要开了。我看了看手表，心想也许可以卖掉它来买车票。我在火车站找到一位绅士，问是否可以用手表跟他换点钱买车票。谁知他说：“我儿子不能跟我同行，我正好多出一张票。请拿去。我不需要你的手表。”

我上了火车，遇见一位同样要去坎普尔的女士，而且她正好是米特拉医生的近亲。她从米特拉夫妇那里听说过我和我师父的事。她给了我一些吃的。我们整夜都在火车上，第二天早上到达坎普尔。

火车站非常拥挤，我花了10分钟才通过检票口。出站后，我突然遇见一个熟人，他的车就停在附近。他原本是来接另外一个人的，但那个人没坐上火车，于是他就把我们送到了米特拉医生的家中。

当我们到达那里时，已经很晚了。我敲了门，进去后看见三位医生正在为米特拉医生做检查。米特拉夫人见到我非常高兴，说：“现在你来了，我就把先生交给你了。”这就是典型的印度人盲目信任出家人的表现。

“我不是治疗师，我只是来看他的。”我走到米特拉医生的床边，两天前他割腕自杀，幸好被及时发现，现在身体还比较虚弱。

大家看见我来之后，都悄悄离开房间。当房间里只剩下我与米特拉医生时，我对他说：“为什么不去看看落日呢？在自杀前。”我脑海里突然浮现出我站在喜马拉雅山上看落日的情景，一些话情不自禁从心中、从口中冒了出来：“你看过喜马拉雅山的落日吗？当夕阳缓缓西沉，天空被染上一层金色的光辉，山峰被晚霞映照得仿佛燃烧起来时，你知道你心里的感受吗？当山谷中的云海在落日的余晖中如同一片金色的海洋，缓缓流动，远处的山脉显得格外清晰雄伟，仿佛一幅瑰丽的画卷时，你能感受到那一刻天地之间的壮丽与静谧吗？你能理解这静谧中的深意吗？”

我喷涌而出的这些话似乎对米特拉医生有所触动。由于天色已晚，米特拉医生需要更多时间休养，我便离开了他的房间。

第二天早上，米特拉夫人急急忙忙跑来找我，问我昨天晚上对米特拉说了什么。

“发生了什么？”我问。

“他不见了，屋前屋后，周围都找遍了，没有看见他的踪影。”夫人惊慌失措地说。

“不用担心，我想他晚上会回来的。”我说。

果不其然，晚上米特拉医生回来了，他看上去有点疲倦，但精神明显好了很多。他对我说：“看了落日，我才知道我错失了什么。”说完，他潸然泪下。

从那之后，米特拉医生再也没自杀过，他的抑郁症一天天好了起来，但也是从那个时候开始，在坎普尔，人们经常看见一个人站在山头看落日，还常常泪流满面。

看落日也是一种冥想活动，这种冥想被称为“观落日冥想”或“夕阳冥想”，当你凝视落日时，你也是在凝视自己的内心。每一次看落日，都是一种被治愈的体验，仿佛生命中所有的苦难都在那一刻得到释怀。

当夕阳染红了天空，也照亮了心灵深处的那片宁静时，人会觉察到此地的日落，恰是另一地的日升，这循环往复中，不正蕴藏着生命的真谛吗？落日的余晖带来的宁静犹如治疗师的轻声细语，能减轻抑郁和焦虑的情绪，安抚疲惫的灵魂。

第11章

心之力

专注的心可以穿透意识与无意识的各个层面，

这种突破，

就叫开悟。

一旦进入开悟的境界，

人便能超越时间、空间，

以及因果关系的束缚，

获得真正的自由。

在这种状态下，

个体与宇宙合而为一，

就像一滴水融入大海并成为大海。

此时，你不是大海里的一滴水，

你是一滴水中的整个大海。

看蚂蚁

我 12 岁的时候，和师父一起徒步穿越印度平原。我们在埃塔（Etah）的一个火车站停了下来，师父去找站长说："我带着一个孩子，他饿了。请给我们一些食物吧。"

站长回家拿食物，当他到家时，他的妻子哭着说："你知道我们唯一的儿子精神萎靡不振，不敢与人交往，整天畏缩在家中。你可倒好，你不关心自己的儿子，却关心这些流浪的出家人。我的儿子快得精神病了！你滚出去！我都要疯了！"

站长板着脸回来，抱歉地说："我能怎么办？我妻子说，如果你是真正的出家人，就应该理解我们的处境，并帮助我们的孩子。"

师父微笑着，叫我跟他走，去站长家。那是一项挑战，他总是喜欢挑战。

但我抱怨道："我饿了。我们什么时候才能吃饭？"

"你只好等等了。"他说。

我常常哭着说："时间到了，你还不给我饭吃。"然后就生气跑开。其实那是师父在教我要有耐心。

站长的儿子一看就是个非常自卑的孩子，而且还有些抑郁。站长告诉师父，他的儿子总说自己是一只可怜的蚂蚁。师父拉着这个孩子的手，注视着他无神的眼睛，一字一句地说：“你知道吗？每个人都有自己的困境。大象很厉害吧，但它不能爬树；蚂蚁很弱小吧，但非洲的驱象蚁却能够攻击大象的敏感部位，比如眼睛和鼻子，让大象感到疼痛。”

说完，师父拿出一个瓶子，抓了一只蚂蚁放在瓶子里，然后将装有蚂蚁的瓶子交给孩子，对他说：“你每天只需要观察这只蚂蚁 10 分钟就可以了。”

我们在站长家吃完饭之后，就离开了。

三个月后，当我们返回，再路过这个车站时，站长激动地邀请我们去他家，说自己的儿子通过观察瓶子中的蚂蚁，性格变得越来越开朗，精神状态也越来越好，还交了不少朋友。

事实上，看蚂蚁也是一种冥想活动。冥想的核心是集中注意力和培养专注力，而观察蚂蚁的爬行，能让人专注于当下，而不被过去和未来的烦恼所困扰，产生一种平静和放松的感觉，有助于减轻压力和焦虑。

在师父的眼中，大到落日，小到一棵树、一片落叶、一只蚂蚁，都有治愈的力量。

凝视的力量

如果你聚精会神地凝视某个人，立刻就会对那个人产生影响——这是我年轻时一位高人告诉我的秘密。他的名字叫查克拉瓦蒂，是印度最著名的数学家之一，著有《查氏数学》一书。晚年他放弃俗世，出家修行，成了我师父的学生。他认为凝视是一种能够影响外部事物和加强自身专注力的强大的工具。

当注意力向外聚焦于某个事物，比如一片云、一朵花、一只蚂蚁时，称为“凝视”。凝视是一种冥想方法，称为“凝视冥想”或“目视冥想”。

在一个静谧的夜晚，我凝视一盏古老的青铜油灯，灯芯上的火焰微弱却稳定，散发出温暖的光芒。我凝视着那跳动的火焰，感觉时间仿佛在这一刻静止。随着凝视的深入，内心逐渐变得宁静，我感觉自己与周围世界建立了一种微妙的联系，透过那微弱的火苗，我看见了内心深处的自己。那次凝视油灯的体验让我难以忘怀，仿佛自己的内心深处也点燃了一盏永不熄灭的灯。

凝视不仅是一种视觉体验，更是一种内心的探寻。

有许多不同的凝视方法，每一种都能赋予人类不同的力量。人可以凝视眉心或鼻梁，可以凝视暗室中的烛光，可以凝视晚上的月亮、清晨的太阳等。

一颗全神贯注的心具有无穷的力量，可以生出妙境，创造奇迹。有人问，我可不可以全神贯注于世俗的名利呢？答案是你做不到。只要有一点点的功利心和占有欲，你就不可能做到真正的凝视。真正的凝视不羁绊于过去，不执着于结果，只是简简单单地注视当下。当你注视当下，与当下合一，当下这一刻就会轰然洞开，你会惊讶地发现自己注视的其实是整个宇宙，一花一世界，一叶一菩提。**生命就是当下，如果你忽视了当下，你就失去了生命。**

查克拉瓦蒂对我非常好，他还用几何学教我人生道理。他用拐杖在恒河边的沙滩上画了一个三角形，然后对我说，**生命就是一个等边三角形，一条边是身体，一条边是心灵，一条边是外在的世界。这三条边的长度必须一样，人生才平稳。**

我原本对数学很厌恶，但此后我开始对它感兴趣了。

最后一天，他所给我的教诲真是妙极了。他说：“如果你先写一个 0 的话，后面就没有数值。如果你先写一个 1，后面跟的每一个 0 都有数值。世界上的万事万物就像这些 0，如果没有觉知那 1 的存在，它们就没有任何价值。”

后来，查克拉瓦蒂去了喜马拉雅山的深处，我再也没有见过他。我很感谢他，以及那些花费宝贵时间来教我的老师们。

我的驴子呢

当我在北方邦一个名叫茂（Mau）的小镇停留时，我住在一间小茅屋里，那是专门为云游的出家人而建造的。大部分时间我都待在自己的房间里打坐冥想，只有在早上和晚上才会出门一会儿。

有一个洗衣工在附近洗衣服，他没有妻子和孩子，只有一头驴子。有一天，他的驴子不见了。他忧心如焚，急火攻心，一下子愣住了，陷入了昏迷之中。旁人看见他一动不动，以为他进入了禅定的三摩地状态。

在印度，人们打着三摩地的名义可以让别人做任何事。有的人甚至会卖掉自己的房子，拿钱来供养那位进入此等境界之人。他们相信供养是表示爱和奉献的方式。洗衣工在一个位置上纹丝不动，以同一种姿势坐了两天——人们开始在他周围放钱、放鲜花和水果。有两个自称是他弟子的人，就出来收钱，但洗衣工却岿然不动。那两个人就开始鼓动更多的人前来。他们想让每个人都知道自己是这位大师的门徒。通过口口相传，洗衣工很快就出名了。

我是从其中一个人那里得知，在我住的附近有一位三摩地大师，于是我前去见他。他闭着眼睛一动不动地坐着，许多人坐在周围，高呼：“啊！哈瑞罗摩，哈瑞罗摩，哈瑞奎师那，哈瑞奎师那。”

“你们在做什么？”我问他们。

“他是我们的师父，处在三摩地境界中。”他们回答道。

我变得好奇起来，心想：让我看看他从这种状态出来时会发生什么？

两天后，他睁开了眼睛。每个人都翘首以盼，期待着他会讲出什么深刻的话来。可他从昏迷状态一醒来，只说了一句：“我的驴子呢？”

一个人冥想的愿望是首要因素。**一个傻瓜睡着了，他醒来时还是傻瓜。**但如果一个人怀着对开悟的单纯渴望来进行冥想，他就有可能成为一位大师。

极度焦虑让人失去意识，与静坐冥想有着显著的区别。强烈的忧虑可能会使人的头脑趋向单一目标，但这是一种消极、死寂、颓废的状态，类似于“形如枯木，心如死灰”。静坐冥想则会使人的内心变得松弛、平和、宁静。除此之外，这两者的外部表现也不一样。忧虑使人的身体变得紧张而僵硬，而静坐冥想则使人的身体放松、稳定而静止。对于静坐冥想来说，净化心灵是必不可少的，而忧虑却不会净化心灵。当强烈的忧虑控制头脑时，头脑会变得僵化、不灵活、麻木不仁。但如果是一个伟人思考世间的疾苦，那就不是忧虑，而是对人类充满爱和无私的关心。在这种情况下，个人心灵扩展，并与宇宙合一。如果将心放在个人利益上，那就叫忧虑。当心能看到别人的痛苦与不幸时，就突破了自我的牢笼，走上了拓展的正路。忧虑是心灵收缩，日益狭隘；静坐冥想是心灵扩展，渐渐宽阔。

忧虑和静坐冥想，两者都会在人的潜意识层面留下深刻的印记。忧虑会让人身患多种身心疾病，而静坐冥想则会让人觉知到意识的其他维度。如果修行之人懂得如何静坐冥想，他将很自然地冲破忧虑的束缚。

我得出的结论是：那个可怜的洗衣工虽然一动不动地坐着，却沉浸在痛苦之中。深深的悲伤使他的心灵失去了平衡，在那种状态下，他变得死寂、不动，脑中一片空白，不知身在何处。而在三摩地的境界中，心灵澄明才能导向更高的维度。所以，不从净化心灵入手，就不可能获得开悟，因为不纯净的心会阻碍进入三摩地的路。三摩地是有意识努力的结果，是个人意识不断扩展，最终与超意识融合的结果。

雪山的回答

我前往阿尔莫拉地区的卡萨尔德维（Kasar Devi），在那里遇见一位来自西方的著名画家和一位出家人。他们隐居在一个小院中，孤独地欣赏着喜马拉雅山。他们不断地与高山交谈，认为喜马拉雅山不同于阿尔卑斯山或其他山脉，它不仅是美的，而且还是活的。

“我们跟高山说话，山会回答。”他们说。

“什么意思？山会说话吗？”我问。

“你在这些山中出生长大，熟悉会滋生轻慢，自然不觉为奇。请记住，这些山是神圣的，为探索者创造了一种精神氛围。它们的美丽存在于所有愿意看见它们的人心中。你已经忘记如何去欣赏了。”他们不断称赞白雪皑皑的喜马拉雅山，称赞群山的美丽和壮阔。

我跟他们在一起的时间很短，不久就动身离开，去拜见松巴利巴巴。

松巴利巴巴是一位有名的圣者，他不想被人打扰，所以经常佯装生气，以便于拒人于千里之外，但他的内心却很柔软。村民给他取了个名字叫“粗口”。他喜欢静默，这让我想起了师父的教导：“静默的声音是至高无上的。它超越了所有意识层面和所有沟通方式。

学会倾听静默的声音。与其讨论经典，与圣人争论，不如在他们身边享受存在。在旅途中，你不要在一个地方停留太久，并执着于任何事物。静默会给你世界永远无法给你的东西。”

松巴利巴巴

不久之后，我回到我山中的居所。当地的村民为我建造了一座小石屋，我常常去那里享受寂静，保持静默。直到今天，那间小石屋依然还在海拔 2 000 米的山中。从那间石屋，我可以远眺喜马拉雅山脉的全景。有时候，寂静会被突然打破，比如一位瑜伽行者敲门问路，或乞求食物。不过，只有少数的修行者才会来这里，并深入喜马拉雅山中。大多数人会走大路，去游览名胜古迹，而那些虔诚的探索者会避开众人所走的路，专门走少有人走的路去寻找大师和高人隐居的处所。

上师与渡船

“上师”（guru，古鲁）这个词被滥用了，有时我感到很无奈。这是一个多么崇高的词，多么美妙的词。当你的母亲生下你，你的父母抚养你之后，上师就出现了，他帮你完成生命的目的。如果我是一个坏人，一旦有人叫我上师，那么为了那些对我抱有期待的人，我也必须变得好起来。

梵文“上师”是个复合词，由“古”（gu）和“鲁”（ru）这两个字合成。古的意思是“黑暗”，鲁的意思是“光明”，那个能为你驱散黑暗，带来光明的人，就叫“古鲁”。在印度，“上师”这个词带有崇敬的意思，总是和神圣、最高智慧有关，是一个非常神圣的词。而在西方，上师这个词却被滥用了。

开悟的师父或上师，叫作“上师天”。

上师的弟子是没有年龄差别的，就算是 80 岁的老人，在上师眼中也像孩子，他会给他们食物，给他们住所，教导他们，不求任何回报。

我问师父：“你为什么要这么做？”

他说：“我没有别的愿望，只想教导那些已经准备好的追寻者，此外别无所求。如果我不这么做的话，还有什么可做的呢？”

当学生去找上师时，会带着一捆干柴，怀着敬意和爱意对上师鞠躬，说：“我将这些献给您。”这表明他将整个自己全心全意交付出来，只是为了得到最高的智慧。

上师烧掉这些木柴，并说：“从现在起，我将引导你、保护你。”然后上师会给予学生不同层次的启引，并吩咐他所要遵守的纪律。

这是一种纯粹的师徒关系，是其他关系都无法比拟的。上师所拥有的一切，甚至他的身体、思想和灵魂，都属于他的学生。但是如果他有什么奇怪的习惯，那还是只属于他自己。

上师会为学生排除障碍。学生因带着欲望和许多问题，不知道如何正确做出决定时，上师会教他如何做出决定，如何保持平和与宁静。他会说：“有时候你有崇高的想法，但你没有付诸行动。来吧，让你的心专一，你现在很强大，我的祝福与你同在。”

虽然学生都想尽量帮上师做点什么，但其实不必这样做，因为他不需要任何东西。这样一位慈悲的人自然会吸引你的注意力，因为你感到困惑。你想：“他为什么为我做了这么多？他想从我这儿得到什么？”他什么都不想要，因为他认为这是他的责任，是他人生的目的。他指导你，不求回报，那只是在做他分内之事。不履行自己的职责，他就无法生存。

这样的人就叫上师——他们引导人们，就像太阳高悬天空，映照大地一样。上师给予弟子的爱是温暖的，没有丝毫控制的意味，也不执着，是超然独立的爱。如果一位上师认为他的力量来源于他自己，那么他就不再是一位上师了。上师不过是一个管道，传送着宇宙的能量。

没有人能够成为上师，除非他允许自己成为宇宙能量的管道。如果他能放下自己，交出自己，把自己当成一根管道，宇宙的能量就会通过他来输送，这个时候，他就成了上师。为此，人必须要学会无私。通常爱都夹杂着自私的成分。我有所需，所以我说我爱你。你有所需，所以你说你爱我。这就是我们所说的世界上的爱。但是当你以一种自发的方式，做不求回报的事情时，那才是真爱。

真正的上师一定是无私的，因为无私之爱是他们开悟的基础。他们隐居在世界不为人知的角落里，散发出慈爱的光芒。

永远不要相信任何向你提出要求的人。如果有人来到你面前，要你崇拜他，你就绝对不要相信他，甚至应该远离他。永远不要忘记，上师就像是一条渡河用的船。有条好船非常重要，会漏水的船则是非常危险的。但是一旦你渡过了河，就不需要再抓住船不放，所以你自然不必去崇拜船。

许多狂热分子认为他们应该崇拜上师。上师理当受到弟子的爱与尊重——但这与崇拜不同。与此同时，如果你的上师是一位开悟之人，他敬畏天，崇拜地，但绝对不会让人崇拜自己。如果有人搞个人崇拜，那这个人一定没有开悟，也不配做上师。

师父的照片

1939年9月，我遇见两位来喜马拉雅山摄影的法国摄影师。我违背师父的意愿，想让他们给师父拍一张照片。我口袋里只有几卢比，都给了摄影师，我又借了150卢比，才凑够拍照片的钱。然后我领着他们走过恒河上一座狭窄的木桥，来到一间小茅房，师父和我在那里住了15天。

当师父看见摄影师后，他看着我说："你是个坏孩子。你为什么这么固执呢？他们会空手而回的！"

我不明白他是什么意思。有时候我固执地认为师父是我的财产。

摄影师各自用自己的相机拍了一卷照片。他们换了胶卷后，要我坐在师父身边，帮我们拍几张合照。这次师父不说话，闭着眼。从下午三点到五点半，一共拍了四卷照片。

当照片冲洗出来后，我简直不敢相信——师父周围的景色都很清晰，可是师父的影像却很模糊。

还有三四次，我试着给师父拍一张照片，但他总是说："身体的照片可能会阻碍你看到我体内的光，你不应该执着于我的身体，要时时觉知我俩之间神圣的联系。"

后来，在我开始去欧洲和日本之前，他告诉我："我不想让你把我卖到西方市场。"我尊重他的感受，也从未打算复制师父留下来的唯一一张照片。

老年是又一次童年

一次，我和师父在德夫普拉亚格，我们住在恒河岸边的一个寺庙里。师父几乎没穿衣服，因为他始终处于内心的喜悦之中，对自己的身体近乎无所知觉。晚上，他突然说：“咱们走吧。”

天漆黑一片，外面已经下了好一阵子的雨。我想：如果我说不，他照样会一丝不挂地走出去，潇洒得像一位我行我素的领主。于是我用一条毯子披在他身上，用一根刺将它钩住，然后和他一起走了出去。

天气非常冷，赤脚走了一千米后，我全身都要冻僵了。我穿得很少，只有一条羊毛毯裹身。我想：我该怎么办？

走了三千米后，我们来到一个交叉路口，我问：“您知道该走哪一条路吗？”

“这条。”他说。

我转过身来对他说：“不，不，这条路才对。”于是我们调转方向，又回到了出发的地方。

由于在黑夜中，他不知道自己身在什么地方。

“现在我们必须留在这里歇一晚。”我说。

“好吧。”他说。

我脱下毯子，铺好，他坐在火边。

第二天早上，他睁开眼一看，开始咯咯地笑。

“我们走了一夜，还在同一个地方！怎么可能？”他说。

“我骗您了。”我说。

“为什么？”他问。

“晚上太冷了，而您却完全没感觉。”我说。

他却非常享受这样的经历。在那种高度的狂喜状态中，他常常忘记世界上世俗的事情，但当他意识到时，他会像一个快乐的孩子一样享受它们。

还有一次，我和师父有过一次非常奇怪的经历。那是在瓦拉纳西附近的森林中，一个晴朗的六月天，气温高达 45 摄氏度。

因为天气炎热，我问师父：“您想洗个澡吗？”

“好吧。”他说。

在印度，当你从一座城市前往另一座城市时，途中常常会看见水井。如果你想洗澡，你可以找附近有水桶和绳子的人，从井里打水上来洗澡，然后继续上路。

看见一口水井后，我对师父说：“请坐下来等一下，我去找水桶和绳索。”

当我回来时，他却不见了。我大声呼喊他，听见有人在井底回答。这口井大约深 20 米，他居然跳了进去，正在水里玩。通常情况下，如果有人跳进深井，一定会受伤。但是在与宇宙合一的极度狂喜中，人就是大自然的孩子，会受到保护。

但这对我来说却成了一个问题，因为他不肯从井底上来。我劝不动他，于是请来村里的人帮忙。我们扔下一个篮子，篮子上绑着一根绳子。

我大声喊道："坐在篮子里，我们拉您上来！"

"别打扰我，让我好好洗个澡。"他说。他玩得很开心。

然后，人们将绳子拴在我身上，把我放入井中。

"来吧！我们上去。"我说。

"让我再洗一会儿！"他回答道。

"已经快一个小时了，您的澡也洗够了！"我告诉他。

"洗够了吗？"他问。

"洗够了！"我说。

我终于说服他上来。

他每天都会洗澡，但他的心总是在别的地方。我会提醒他："现在您洗够澡了，从浴室里出来吧。"

他大部分时间都活在"那里"，处于一种极度幸福的喜悦状态，只有很少时间是在"这里"，意识到世俗世界的存在。

灌顶与开悟

一直以来，我都渴望体验三摩地，即开悟的感觉。师父告诉我：“除非你能够完全安静地打坐冥想四个小时，否则你永远不会证得三摩地。”所以从小我就开始练习打坐，花在冥想上的时间比其他事情多得多，但总是不能如愿以偿。

研读许多书后，我成了一名老师，但总觉得自己是在传授二手知识。在大学和其他地方我自认还可以糊弄下去，毕竟教的都是书本知识，但作为静修院的一名老师，要教别人修行就不能只靠书本知识，必须要有亲身经验，才具有说服力。自己没有证悟，怎么可以去教别人呢？

所以，一天早上，我对师父说：“今天我给您下最后通牒。”

“什么最后通牒？”他问。

“要么您给我三摩地，要么我去自杀！”我真的下定决心了。

“你当真？”他问。

“是的！”我答。

“我的孩子，你请便！”他平静地说。

没想到他居然这么说，我原以为他会说：“再等十天半个月，我就会教你。”师父对我一直很有耐心，很温和，但那天却非常粗暴、冷漠。他说：“正如晚上睡觉并不能解决你的问题——你第二天醒来还得面对它们。同样，自杀长眠后，你的问题依然存在，你下辈子还是要面对。你读过经典，明白这些道理，但居然还说要去自杀。如果你真要这么做，就去吧。”

我知道灌顶这件事。灌顶的意思就是给予能量，把灯给点亮。我说：“您还没有给我做灌顶。这么长时间以来，我一直闭着眼睛静坐冥想，结果除了头痛之外什么也没得到。我浪费了青春，人生也没有任何乐趣可言。”他沉默不语，我不断抱怨。“我很努力，也很真诚地去练。您说要练 14 年，现在我已练到第 17 个年头了，这么多年，您要我做什么，我就做什么。”

他说：“你确定吗？你真的是按照我教你的方法去练的？难道我教你的结果就是让你去自杀？”然后他又问，“你想什么时候自杀？”

我说：“现在！我死之前要先把话说清楚。您不再是我的师父了。我放弃了一切。我对世界没有用，我对您也没有用。”我起身要去恒河淹死自己。河就在附近。

他说：“你会游泳，所以当你跳进恒河时，自然会开始游泳。你最好想办法让自己沉下去，而不会浮起来。也许你应该在身上绑一些重物。”

他在戏弄我。我说：“您怎么了？您曾经那么爱我。”然后我说：“现在，我要走了。谢谢您。”我拿着绳子到恒河边，把一些大石头绑在自己身上。

最后，当他看见我真的准备跳下去的时候，便叫住我说：“等

斯瓦米 · 拉玛，摄于德夫普拉亚格

等！坐在那里，一分钟后我会给你三摩地。”

不知道他是否真的这么想，但我想：我可以至少等一分钟看看。我以冥想的姿势坐下来，他过来抚摸我的额头。结果我保持那个姿势，静坐了9个小时，一点杂念都没有。这种体验是难以形容的。当我恢复正常意识时，我还以为是早上9点，实际上已经是晚上6点了，因为三摩地是超越时空的境界，完全没有了时间的概念。我恳求道：“师父，请原谅我。”

那次触摸让我失去的第一件东西就是恐惧，第二件是自私。我的生命整个改变了，我开始领悟到生命的真实意义。

后来我问师父：“这是靠我的努力，还是靠您的努力，才做到的？”

他回答说：“恩典。”

恩典是什么意思？师父说：“人要不遗余力地真诚努力，当他精疲力竭，濒临绝望之际，以最诚挚的情怀向上苍呼救，这时他万念俱灰，不再有执念，完全放下了自己，就会与宇宙合一，进而进入真正的喜悦之境。那就是恩赐。恩赐是你诚恳忠实努力之后所得到的果实。”

我现在明白，大规模的灌顶非常可疑，也不可信。灌顶不是表面的仪式，不能把全部事情交给老师。它需要弟子经过长时间的持戒、修行之后，才有可能。而持戒修行的意义在于让人完全放下自我，以及心中的执念。很多时候，绝望和万念俱灰并不是一件坏事，因为绝望意味着你没有了欲望，万念俱灰意味着你也没有了执念。**没有欲望和执念的心就像一泓清水，自然能映照出宇宙的光辉。**

师父让我当了一分钟老师

经书上说：“当弟子准备好了，老师就会出现。”如果你还没准备好，就算他来到你面前，你也不会注意到他或者理睬他。如果你不知道钻石是什么，就算把钻石放在你眼前，你也会忽视它、错过它，把它当成玻璃。同理，如果你无法分辨，你也可能把玻璃当成钻石，而一辈子珍惜它。

一次，我抱怨师父什么也不教我。

“好吧，现在我把你当师父，你把我当弟子，你来教我。”他说。

“我不知道如何当师父。”我说。

“别担心，你会知道。”他说。

接着，他端着一个有漏洞的碗，闭着眼睛来到我面前，说：“师父，请给我一些东西。”

“你要我怎么给？你的碗破了个洞。”我说。

他睁开眼睛说：“你的脑袋里破了个洞，还想跟我要东西。”

师父与我换了一下位置，不到一分钟，就让我看清了自己的问题。我明白了，修行最重要的是自我觉知，而自我觉知恰恰是冥想的核心，它将引导我走向内在的宁静和智慧。

疯医师

在德国一个小镇，有一位精神科医生，人们称他为疯医师，因为他不太相信现代医学，反而对神秘现象非常着迷。1955 年，他的梦中不断浮现出一位印度高僧的形象，他认为这个梦中出现的人，一定是在召唤他去印度。连续七天，这个梦不停出现，于是他去法兰克福机场，买了一张飞往印度的机票。可谁曾想，他竟然在候机室睡着了，错过了航班。

在这之前，师父让我去德国学习一些西方的心理学和哲学。我到达法兰克福机场时，那位医生正好在机场。当他看见我是一位来自印度的出家人时，就跟我攀谈起来，并给我看了几张素描画像，那是他梦中出现的人，问我在印度是否认识这么一个人。

他对我说："请帮助我。画中这个人一次又一次出现在我的梦中，我确信这不是幻觉。他在我脑海里留下了深刻印象，以至于我无法工作。你是一位来自印度的出家人，也许能帮上忙。"

当我看见那些素描时，说："他有点像我师父。"他听完后，坚持要我和他一起回印度，带他去见我师父——但师父不想让我马上回去，他认为我过分依恋他身体的存在，要我斩断这种依恋关系，深

去了西方之后的斯瓦米·拉玛

入觉知我们之间那条无形的联结。他希望我在身体上远离他一段时间，以便仔细体会我们之间更微妙的关系。

我给德国医生写了一封长信，介绍他去印度坎普尔找米特拉医生。在米特拉医生的帮助下，德国医生终于见到了我的师父。他在师父那里住了三天，然后返回德国，帮我安排参观欧洲各地的研究机构和大学的行程，我拜访了许多西方医生和心理学家。在欧洲几所大学游学之后，我又回到了印度。

不久之后，这位德国医生又来到印度，成了一名出家人。现在他大部分时间都在喜马拉雅山中的一间小茅屋中静坐冥想。一些西方人认为他疯了，因为他更喜欢与世隔绝的生活，喜欢独处。我遇到过好几位出家的外国人，发现他们比很多印度的出家人还要虔诚，进步得更快。

对未来的预感是所有现象中最罕见的。它从直觉的源头闪现出来，超越了时间、空间和因果关系的限制。偶尔，一般人也可能在不经意中有所感应，但只有通过深度冥想，进入超意识状态的人，才能自觉地接受到这种指导性的愿景，而纯粹的愿景总能照进现实。

洞中闭关

我在一个小山洞里住了 11 个月，期间没有见过任何人。在我们的传统中，这是一项重要的修炼，一般不会少于 11 个月，因为人们相信，即使再笨的修行者也会在这段时间里证得最高真理。师父对我说："不管你多么有本事，我都会假设你是最笨的人，你必须在山洞里闭关 11 个月。"

在闭关期间，我不可以出来洗浴，但可以做剧烈的呼吸练习，这样可以清洁毛孔，这个方法其实比沐浴更好。每天只供给非常少的食物和水，用以维持生命。我的食物主要是大麦、山上生长的蔬菜、一些果汁，以及早晚各一杯牛奶。洞中的空间有限，长宽各 1.8 米。我每天定时做几个姿势，只睡两到三个小时。其余时间，我都用来静坐冥想或凝视。我每天要做三次调息法，力度很大，但非常谨慎。

山洞的入口是封闭的，但有一个排泄废物的出口，顶部有一个微小的针尖孔，透进一束光。不管你是否愿意，这个小孔都有助于你将注意力集中在那一束光上。在那种情况下，你根本不需要做任何努力，就能变得专注，因为除了那一束光，没有其他东西。身处这种与世隔绝的环境中，如果你不打坐冥想，身心很快就会失衡，你没有选择。

圣贤们系统地教导人深入冥想的方法，他们说："这是第一步、下一步、第三步……"诸如此类。他们描述冥想过程会出现的一些征兆。当出现特殊征兆时，你就知道要进入下一步了，这样你就能循序渐进，直至到达最高的禅定。他们会严格地守护你，使你不受干扰，不会走火入魔。

闭关修行的头两个月是最难熬的，后来我就觉得很享受。王道瑜伽教导我们，通过专注、冥想和三摩地来实现内在转变。在这次训练中我发现，如果不长时间保持静默，就不可能停留在更深的冥想状态中。

11 个月后，我出关了。那是 7 月 27 日下午 5 点。我被要求第一个星期不要去外面晒太阳，因为我很难适应外部世界——一切看起来都不一样了，仿佛来到一个陌生的新世界。我出关后第一次下山进城，由于不习惯这么多的外部活动，花了 40 分钟才穿过一个街角。但后来我逐渐适应了。当我重新回到尘世才明白，世界就是一个大道场，我在其中可以测试自己的内在力量，考验我的言语、情绪、思想、行为。

完成这次修炼后，我准备前往西方世界。我并不想离开师父，但他坚持要我离开。他说："你有一个使命要完成，有一个信息要传达，是关于我们传承的信息，而你就是那个传达信息的工具。"

我从加尔各答登机前往东京，口袋中只有 8 美元。在中国香港转机时，我在机场点了一杯茶。账单送来时我大吃一惊，居然要 4

刚出关的斯瓦米·拉玛

美元！我又给了1美元小费，所以到东京时，我身上只有3美元，外加一颗苹果，那是我在飞机上没吃掉，省下来的。

一个男人走到我面前，问我从哪里来，在日本住哪里。

“我有一个朋友，我会和他住在一起。”我说。

“你的朋友是谁？”他问。

我不知道如何回答，因为我在日本不认识任何人。于是我说：“我觉得你就是我的朋友。”结果我住进了他家。后来他将我介绍给了冈田良一先生。

冈田良一先生向往喜马拉雅山，一经介绍，他立刻热情地拥抱我，说：“我一直在等你。希望你把喜马拉雅山圣者们所教的密法传给我。”

我跟着他住了六个月，其间偶尔会为东京、大阪以及其他城市的心灵团体讲演和授课。

后来，冈田良一先生为我买了机票，我得以继续我的行程前往美国。我的任务还未完成，我不免为此而感到不安，但是我知道，只要有机会，我一定会完成此生的目的。我人生的目的是要搭建一座连贯东西方的桥梁，所以需要成立一个瑜伽教学中心，让我能忠实地传递冥想的信息。

东方与西方

我离开喜马拉雅山到日本和美国的时候，师父给了我一些指示。

我问他：“我该教那些想向我学习的人什么呢？我是否该改变他们的信仰，是否该要他们仿效印度文化？”

“你真笨。”师父说。

我说：“那您告诉我，我该教他们什么？西方文化与我们完全不同。我们的文化不允许一个人在没有获得其他家庭成员同意的情况下与任何人结婚，但在西方文化里，社会生活则是自由的，可以自由地跟任何人结婚。”

我接着说：“这两种不同的生活方式似乎差别太大，要我怎么把您的信息传到西方世界呢？”

他说：“虽然这些文化共存在同一个世界里，但他们各自代表了一个极端。西方和东方仍然在探索正确的生活方式。喜马拉雅圣者的信息是永恒的，是超越了东方或西方社会的观念。我们都极力要提升人类的文明，走极端就达不到这个目的。内在的力量、快乐、不执着、无私服务等，这些生活的基本原则，与我们是东方人或西方人根本无关。**人，首先应该是人。**真正的人类是宇宙的一员。地

斯瓦米·拉玛在美国讲学

理界限没有分裂人类的权力。”

“从恐惧中获得自由，这是喜马拉雅山圣者要传递的第一个信息。第二个信息是，要觉知到自己内在的真实。”他指示我，“你要成为一个纯粹的传递工具，不带任何文化偏见。”

那天清晨，拜别师父前，我特意登上山顶，凝视着广阔的地平线。我感觉在那寂静的深处，灵魂在更清晰的光中找到了自己的道路，那些难以捉摸和迷惑的事物逐渐变得清晰透彻。太阳慢慢升起，喜马拉雅山的平静像阳光流入树木一样流入我的心。巍峨的喜马拉雅山，静心之巅，在这里，每一口呼吸都仿佛与天地融为一体。

我怀着崇敬的心情，向师父深深一鞠躬，开始了我的旅程。